著作权法

前沿热点问题探究

孙玉荣　等◎著

知识产权出版社
全国百佳图书出版单位
—北京—

图书在版编目（CIP）数据

著作权法前沿热点问题探究／孙玉荣等著．—北京：知识产权出版社，2020.8
ISBN 978-7-5130-7052-2

Ⅰ.①著…　Ⅱ.①孙…　Ⅲ.①著作权法—研究—中国　Ⅳ.①D923.414

中国版本图书馆 CIP 数据核字（2020）第 124481 号

责任编辑：刘　睿　刘　江　　**责任校对**：王　岩
文字编辑：李　硕　　**责任印制**：刘译文

著作权法前沿热点问题探究
孙玉荣　等　著

出版发行：知识产权出版社有限责任公司	**网　　址**：http：//www.ipph.cn
社　　址：北京市海淀区气象路 50 号院	**邮　　编**：100081
责编电话：010-82000860 转 8344	**责编邮箱**：liujiang@cnipr.com
发行电话：010-82000860 转 8101/8102	**发行传真**：010-82000893/82005070/82000270
印　　刷：北京建宏印刷有限公司	**经　　销**：各大网上书店、新华书店及相关专业书店
开　　本：880mm×1230mm　1/32	**印　　张**：8.25
版　　次：2020 年 8 月第 1 版	**印　　次**：2020 年 8 月第 1 次印刷
字　　数：202 千字	**定　　价**：48.00 元

ISBN 978-7-5130-7052-2

前　言

著作权和版权的英文翻译都是copyright，著作权是大陆法系的概念，版权来自英美法系。随着两大法系的融合发展与相互借鉴，著作权和版权这两个概念已几乎没有什么区别，实务中更是演变为同义语。我国《著作权法》明文规定："著作权即版权"。本书除最后一章使用的是"版权"概念外，其余章节均按照我国俗称，统一使用"著作权"这一概念。本书是我多年来心血的结晶。自2012年以来，我的研究兴趣始终聚焦于网络环境中的著作权法律问题，研究课题也主要在互联网文化产业知识产权保护方面。本书的研究内容是著作权法学领域的前沿热点问题。近年来，对体育赛事节目、网络游戏、3D打印、同人作品和短视频的著作权法律问题的讨论依旧热烈，人工智能生成内容的著作权保护更成为新晋焦点。这些热点和焦点话题引发了学术界和实务界的广泛关注，我也曾作为发言人、主持人或与谈人参加各种各样的论坛、会议和研讨，因此结识了很多优秀的学者、律师、法官和产业界的朋友。其中有些专家学者的大作成为本书的参考文献，在此表示最诚挚的谢意！衷心感谢多年来给予我关心、帮助和支持的每一个人！

本书不仅是我主持的北京市教委社科计划重点项目“大数据时代北京文化创意产业知识产权保护研究”（SZ201610005003）及2019北京市教委专款——基本科研业务费“互联网文化产业发展与知识产权保护研究”（项目编号046000546319507）的科研成果，还汇集了我近年来发表在《北京联合大学学报》（人文社科版）和《科技与法律》等期刊的几篇文章，其中5篇是我与研究生合作发表，所有文章的作者和出处均已在书中标注。刘宝琪和王罡已经走上工作岗位，一如之前在校时一样优秀。另外两位也非常优秀的研究生李贤和李嘉鑫参与了本书第四章至第六章的初稿写作，具体分工已在书中列明。除此之外，特别要说明的是对外经济贸易大学法学院李心航参与了本书第五章的写作。作为多年来亲密合作的重要伙伴，我见证了她的成长，非常欣喜地看到她每一天都在进步！可以说是后生可畏，前途不可限量！祝福这些祖国的花朵娇艳盛开，茁壮成长！

在这样一个不同寻常的时期收尾书稿的所有工作，难免会有所感慨！本书的资料选取和写作完成于2020年3月28日，因此书中引用的《著作权法修正案草案》为当时最新的2014年6月6日的《中华人民共和国著作权法（修订草案送审稿）》。在书稿加工编辑过程中，欣闻全国人大常委会第十七次会议对《中华人民共和国著作权法（修正案草案）》进行审议，并于2020

年4月30日将其在中国人大网公布，向社会公众征求意见，故将其载于附录，以飨读者。从2019年岁末到2020年春夏之交，对于中国和世界都是非同寻常的一段时光。一切都发生得那样突然，以至于令人无法相信一切是真实存在的。对我个人而言，早已不再多愁善感，一切皆云淡风轻！再一次用一本书纪念盛开的丁香！书稿完成时，京城的丁香花已开。故乡的五月，丁香花依然绽放！

最后，文责自负，但限于学识、时间和精力，本书可能会有遗漏和浅尝辄止之处。书中观点如有不妥当或不正确之处，恳请各位读者、学界同人批评指正，以便再版时进行修订。

孙玉荣

2020年5月8日于北京

目　　录

第一章　人工智能生成内容的著作权保护

一、导论[1]

说到人工智能（Artificial Intelligence，AI），大家都会想到微软小冰和它的诗集《阳光失了玻璃窗》。小冰在天涯、豆瓣、简书用 27 个笔名发表了自己的诗歌，在没有披露之前谁都没有想到，这些诗歌的作者竟然是一个机器人。人工智能的概念实际上在不断地发展，就像人工智能技术本身也是不断发展变化的。小冰从一代发展到七代，就像人类一样，从幼儿园、小学、中学、大学，到走向社会，然后开始工作，是一个不断成长的过程。关于人工智能的概念，目前大家还没有达成一个共识，但是关于人工智能的发展历程，主流观点认为现在还处在计算机软件算法的阶段，还没有达到全脑仿真的超人工智能的阶段。人工智

---

[1] 本节内容是孙玉荣在 2018 年强国知识产权论坛上的演讲，可见于 http：//www. sohu. com/a/251837535_ 100069278。2018 年 8 月，孙玉荣接受《中国科学报》记者专访，《人工智能创造物受版权保护吗》刊登于《中国科学报》2018 年 8 月 15 日。

能涉及音乐、美术作品、小说、诗歌、新闻稿件，有一家美国公司做出了这样的预测：在未来的 15 年内，有 90% 的新闻稿件会由机器人创作完成。[1] 2017 年也被称为 AI 的商业应用元年，大家也在讨论人工智能会取代哪些工作。比如记者，就是其中一个比较有危机感的职业。大量的音乐、美术作品和稿件出于 AI 之手，人工智能创作物越来越多，如果不加以保护的话，会产生很多社会问题、法律问题。人工智能之间可能会出现相互抄袭，也可能出现人类抄袭人工智能的现象。如果没有法律规制，这将是很混乱的局面，不利于人工智能产业的发展，也不利于文化产业的健康有序发展和良性循环。

无论从激励创新的角度，还是从促进文化产业健康发展、维护法律稳定性的角度出发，大家已经达成共识，对人工智能生成物一定要进行保护。但是究竟用什么样的方式对其进行保护呢？在这方面学者们还没有达成共识。人工智能生成物到底是不是著作权法意义上的作品？迄今为止，学者们的观点还没有统一。

人工智能生成的内容，有的叫创作物，有的叫创造物，也有的叫生成物。在现阶段，一般认为这些称谓都是没有问题的。“人工智能智力成果才是在著作权法意义上的唯一正确的表达。”这一表述在目前阶段还是有点操之过急，毕竟目前还没有一个法定的定义对人工智能生成物进行界定。其实现在说起人工智能生成的内容，无论是叫创造物、创作物，还是生成物，都不会引起歧义，因为大家都知道说的是同一个事物。

---

[1] 杨延超．机器人来了，法律准备好了吗？［N］．检察时报，2016-06-17.

对于人工智能生成物到底应该如何保护的问题，笔者比较赞成在现有的条件和著作权法框架下对人工智能创作成果进行保护。大家都知道，著作权法是以人类智力为中心构建它的保护对象的。但是人工智能从一个辅助人类创作的工具，到现在开始独立创作。在人工智能创作物的制作过程中，大量储备的文本语料和加工合成的语言模型本身就包含人类的创造性劳动。像微软小冰就是学习了自 1926 年以来 500 多位诗人的现代诗，经过上万次训练才会写诗。有的学者会拿猴子自拍照的案例论证说：人工智能生成物不能构成著作权法意义上的作品。但是一般认为这和美国版权局在文件里所说的，没有任何创造性输入或没有人类作者的干预，仅仅是自动或者随机创作的机械方法产生的作品，应该是不太相同的情形。

有学者不赞同将人工智能生成物作为著作权法意义上的作品加以保护，但是没有提出具体的解决方案。从作品的定义来看，人工智能生成物实际上还是在著作权法的保护框架内。它属于科学艺术的“独创性”表达，也是可以复制的。因此，并不需要知识产权法律制度发生根本性变革，而规定人工智能创作物为知识产权的新客体，也没有背离著作权法的人格主义基础。从人类受众（读者）的角度来看，判断人工智能创作物是否属于作品，不应以作品来源于人类还是非人类为标准，[1] 而应看它“是否属于文学、艺术或科学领域内的独创性表达”“是否具有可复制性”，即是否满足这两个条件。

可以换一个角度，假如以“从人类创作中心到人类受众中

[1] 梁志文．论人工智能创造物的法律保护［J］．法律科学（西北政法大学学报），2017（5）：156-164.

心，不需要知识产权法律制度发生根本性变革”为前提，那么判断人工智能生成物是不是著作权法意义上的作品，就看它是否符合作品的构成要件。也就是说我们要采用一个客观化的判断标准，而不是从它到底来源于人类还是非人类这样一个标准来思考这个问题。❶

“机器能思考吗?”这是1950年艾伦·图灵在自己的经典著作《计算机器与智力》的开篇提出的。但是他认为这样的问题并不值得讨论，因为我们根本很难准确地给“思考”下一个定义，所以他提出了著名的模仿游戏，也就是图灵测试。它的核心就是，计算机能否在智力行为上表现得和人无法区分。如果机器具有人类一样的表现，它就具有人类一样的智能。现在不是所有的人工智能生成物都达到了这样的创作高度，但是也真的有一些达到了。2016年，欧盟法律事务委员会向欧盟委员会提出一个建议，就是要界定人工智能“独立的智力创造”标准。

因此，当务之急，首先是要在人工智能生成物能否构成作品的问题上达成共识。在这个基础上，大家才能接着研究它的权利主体到底属于谁。这方面的观点比前一个问题的回答还要多一些。这两年在各种大大小小的会议、论坛及相关的文章、著作中，关于人工智能生成物的可版权性和权利归属问题，大家讨论得可以说是比较多了。但是讨论了这么长时间，最终的目的还是为了解决问题。如果大家现在能够达成共识的话，就可以利用这个宝贵的机会，对我国正在修订的《著作权法》的

---

❶ 此处参考了梁志文教授的观点，特此致谢。梁志文．论人工智能创造物的法律保护［J］．法律科学（西北政法大学学报），2017（5）：156-164.

相关条文进行一些修改加以规范。如果觉得前面说的这些没有实现的可能，也就是说进行专家研讨之后还是认为在现有的《著作权法》基础上无论怎么修改，还有一些坎，无论如何也跨不过去，那也可以思考一下专门立法的问题。单独立法，这也是一个比较好的选择。人工智能的技术发展日新月异，《著作权法》修订是很不容易的，所以过了这么多年还没有完成。就算完成修订，也不可能随着人工智能的发展很快地进一步修改，这也是很难做到的。因此在专门立法这一条通道上，是很可行的。

实际上在日本也有两种观点，一种是考虑在著作权法框架下对人工智能创作物进行保护。还有一种做法，就是有点类似于商标的保护，比如微软小冰，被看作人工智能创作物的标识，而不是说署名“小冰”，小冰就是著作权人。笔者认为，专门立法可能比著作权法修改的这种模式还要难，启动起来也更缓慢。因此在现有条件下，对人工智能的生成物进行著作权法保护，可能是最好的一个选择。

厘清不同的观点，这样我们的思路就比较清晰了。比如说谁创造的，权利就归谁。在目前的法律框架下，把人工智能生成物纳入著作权法的保护范畴要分为几步实施。首先在立法层面要有一定的动作。实际上就是对作品的定义进行扩张解释，不需要撼动著作权法的根基。然后讨论权利归属的时候，如果不能达成共识，可以采用契约主义。在一次会议上，某集团公司的知识产权负责人演讲中谈到人工智能的时候说：“我们现在根本不用知识产权保护，而是通过签订合同来达成。不是不需要知识产权保护，而是法律滞后”。我听了这些挺有触动的。大家讨论这些问题，最终的目的是为了给人工智能保驾护航。

现在由于人工智能的知识产权立法方面存在空白，所以只能用传统的合同法、商业秘密法等来进行保护，也是不得已而为之。目前人工智能生成物还没有随处可见，在没有大规模商业应用之前，好像问题还没有那么突出，纠纷也没有那么多。现在的使用者或者编程的人基本上是一个主体，所以没有产生更多的权属纠纷。如果某个公司研发了一个人工智能，然后进行转让或者出租，这个时候它的所有人和使用人不是同一个，就容易出现纠纷。对此有法官认为，可以根据个案的具体情况，根据编程人、使用人的贡献度，进行综合判断。笔者认为这也是在目前状况下比较明智的选择。

二、人工智能生成内容的著作权问题探究[1]

（一）问题的提出

人类步入21世纪，伴随着大数据、云计算等新技术的广泛应用，人工智能产业迅猛发展，而在文学、音乐、绘画等艺术领域的应用，大有难以与人类作品区分甚至超越人类之势。人工智能生成内容的大量出现打破了人类很多固有的认知形式，与曾经诸多次的技术进步对法律带来的冲击一样，也向传统著作权法提出了新的挑战。

人工智能生成内容的著作权法律问题引起了法学界的热烈

[1] 本节内容已发表于《北京联合大学学报（人文社科版）》2020年第1期，作者孙玉荣、刘宝琪。

讨论，成为近年来不断升温的热门话题。对于人工智能生成内容的可版权性分析及其权利归属等问题，法学界的分歧较大，目前还难以达成共识。关于人工智能的生成内容是否应当受到著作权法保护，法学界的观点主要可以分为两派：多数学者认为人工智能的生成内容可以作为作品纳入著作权法保护的客体范畴；[1] 反对者则认为对于人工智能的生成内容是否构成作品不应从外在表现形式入手，而应根据生成过程判断，人工智能的生成内容本质上都是算法和模板的结果，不能被认定为作品。[2] 对于人工智能生成内容的权利归属问题，目前法学界也没有统一的意见，但主流观点认为人工智能生成内容的著作权不应当归属于人工智能。[3]

笔者认为，从促进人工智能与文化产业深度融合发展的需要出发，应该尽快结束这场争论，法学界应该加快在理论上对此问题达成共识的步伐，把握著作权法修订的良机，将人工智能对著作权法的冲击降到最低，尽快在立法上对人工智能生成内容的作品属性加以明确，厘清其权利归属问题，去除人工智能在法律领域的发展障碍。知识产权要为人工智能应用产业的健康有序发展保驾护航。

---

[1] 吴汉东．人工智能时代的制度安排与法律规制［J］．法律科学（西北政法大学学报），2017（5）：128-136；易继明．人工智能创作物是作品吗？［J］．法律科学（西北政法大学学报），2017（5）：137-147.

[2] 王迁．论人工智能生成的内容在著作权法中的定性［J］．法律科学（西北政法大学学报），2017（5）：148-155.

[3] 丛立先．人工智能生成内容的可版权性与版权归属［J］．中国出版，2019（1）.

（二）人工智能概念的缘起及其发展阶段

人工智能也被称为机器智能，是计算机科学的一个支线学科，一般认为它是通过计算机程序实现的仿真智能科学，主要研究和开发的是用于实现类似人类智慧的机器能力，主要研究目标是使计算机程序获得与人类相似的智能，其功能涵盖学习领域、视觉领域、语音领域以及语言领域。人工智能跨越了自然科学和社会科学的鸿沟，涉及包括计算机科学、哲学、心理学、社会学和语言学等多个不同学科的范畴。1956 年达特茅斯会议（Dartmouth Conference）被公认为人工智能概念的诞生之时，[1] 并由此掀起了人工智能发展的第一次浪潮。而人工智能发展的第二次浪潮出现在 20 世纪 80 年代，伴随着计算机智能软件的广泛运用，微软、苹果等高科技巨头公司都投身其中，开发了智能操作系统。近年来，这些科技巨头公司又率先投入新技术的开发中，掀起人工智能发展的第三次浪潮。以阿尔法狗（AlphaGo）、微软小冰以及其他一些撰稿机器人为代表，人工智能不断应用到不同场景，开始走入人们的生活，在文学艺术创作领域展现出不俗的表现。2017 年 5 月，微软小冰创作的诗集《阳光失了玻璃窗》正式出版。2019 年 5 月“她”又化名“夏语冰”通过了中央美术学院的硕士研究生毕业考试，于 7 月 13 日在中央美术学院美术馆以画家身份举办为期一个月的个展“或然世界 Alternative Worlds”。

学界对人工智能生成内容的表述有“人工智能的创作物”“人工智能的生成物”“人工智能的创造物”等，很少有人将其

[1] 尼克．人工智能简史［M］．北京：人民邮电出版社，2017：2.

明确称为“智力成果”，但其实大家所指的皆为同一内涵，并没有产生什么歧义，人工智能的创作过程是经数据解析后再根据算法创作出音乐、绘画和小说等“作品”。❶ 本书之所以采用“人工智能生成内容”的表述，是因为考虑到与暗含人工智能生成内容具备创造性的“创作”一词相比，“生成”一词更为客观，覆盖范围更广；至于人工智能生成内容是否具有创造性，需要后续进一步探究，而“内容”一词涵盖文字、画面等表现形式，在直观性上比“物”更为贴切。

对人工智能生成内容的分类须建立在对人工智能发展阶段进行划分的基础之上。根据人工智能的“智能化”程度不同，即仿真人类智慧的水平高低，人工智能的发展可以分为以下几个阶段。

（1）弱人工智能阶段。此类人工智能更多的是作为智能化工具代替简单的人类脑力劳动，根据编程者预设的算法架构线性地分析处理数据。这类人工智能往往专注于解决某类特定问题和任务，如语音和图像识别、智能翻译等。

（2）强人工智能阶段。强人工智能可以根据已有的数据进行归纳总结，并推理出逻辑框架，拥有接近于人类的高水平智能，可以对一些问题进行思考和规划，甚至能够理解复杂的概念和解决一些抽象的问题，并从已经解决的问题和经历的事件中总结经验进行深度学习。美国 IBM 公司开发的国际象棋大师深蓝（Deep Blue）、谷歌公司开发的围棋大师阿尔法狗和绘画人工智能深梦（Deep Dream）、微软公司的微软小冰等都属于此阶段的

❶ 刘影．人工智能生成物的著作权法保护初探［J］．知识产权，2017（9）．

人工智能，它们都拥有从经验中深度学习的能力。

（3）超人工智能阶段。这个阶段的人工智能目前只存在于人类的想象之中，但从诸多科幻影视和文学作品当中可以窥见一二，如大家熟知的EVA，它们能够模仿人类的生物神经系统，如同人类一样进行具有思想的表达、独立思考和决策，并且拥有远超人类的智慧和与人类相仿的情感。考虑到人类当下的科学技术水平距离创造出此种人工智能仍需时日，所以超人工智能仅是作为概念存在，其具体属性目前仍难以考量。

与强人工智能相比，弱人工智能尚未具备深度学习能力和神经网络，尚不能真正地归纳总结逻辑框架并自主解决问题。弱人工智能生成的内容，直接体现了人工智能使用者的意志。在内容生成的过程中仅是根据操作者的指示完成既定的数据加工处理，其本质上并不具有创作者的身份，更多是作为人类进行创作的辅助工具。比如很多人通过电脑程序"美图秀秀"的一键美化功能对输入的图片进行处理，虽然操作者只是点击了一次按键，输出的图片或局部或整体就发生变化，但本质是根据编程者预设的架构进行图片处理，并非计算机程序进行的创作，这里的人工智能只是作为创作工具而存在。此类生成内容不是本书讨论的对象，因为它并未对现有的著作权法律体系造成冲击。

本书所说的人工智能生成内容是指由强人工智能所生成的内容，即人工智能通过神经网络和机器学习，去"理解"庞大的数据库，而后生成的内容。此过程体现出人工智能自身的自主学习和独立思考能力，具有速度快、边际成本低的特点，其生成内容甚至与人类进行创作的作品难以区分。

（三）人工智能生成内容获得著作权法保护的必要性

首先，保护和平衡经济利益是知识产权法的重要目标。给予内容创作者和传播者以专有权利来获得合理的经济回报，可以激励其生产更多的内容，促进文化产业的健康有序发展。倘若创作者和其背后的投资者无法从创作活动中获得回报，必将难以保证其进行下一步创作和投资的积极性。[1] 回顾知识产权法的发展历程，能够看到对于产业投资者的保护贯穿始终。人工智能作为新兴产业，对技术和资金需求十分旺盛，对于投入庞大资金和人力、以营利为目的的企业来说，其生产成果如果不能得到法律保护，必将挫伤其投资积极性，从而对行业发展产生不利影响。人工智能的未来发展前景不可限量，伴随着海量的人财物投入到行业中去，其生成内容达到、甚至超过人类水平指日可待。如果与人类作者的作品并无二致的人工智能生成内容得不到著作权法的保护，那么市场中的参与者必然选择无须支付报酬的人工智能生成内容，而人类创作者的发展空间则会受到挤压，从而降低了人类作者进行文艺创作的积极性，这也是与著作权法立法目的背道而驰的。因此，无论是出于保护投资人的经济回报，还是保护人类文艺创作的积极性，繁荣人类文化事业的目的，人工智能的生成内容都有受到著作权法保护的必要性。

其次，在新闻、绘画、音乐、文学等领域，人工智能技术被

---

[1] 冯晓青．著作权法之激励理论研究——以经济学、社会福利理论与后现代主义为视角［J］．法律科学（西北政法学院学报），2016（6）：41-49.

不断应用于实践当中，其生成内容大量涌现，并且取得了不容忽视的成果。《华盛顿邮报》《纽约时报》《卫报》和新华社、腾讯财经等国内外媒体已陆续引进了“机器人同事”；在绘画领域，一幅名为 *Edmond de Belamy* 的画作于2018年10月在纽约佳士得拍卖行以43.2万美元的高价拍出，这是全世界第一次拍卖出自人工智能之手的画作；在音乐方面，作曲机器人“深度巴赫”（DeepBach），被称为音乐界的阿尔法狗。❶ 世界上第一个被赋予“作曲家”地位的人工智能 Aiva，于2017年2月加入“法国及卢森堡作曲家协会”（SACEM），成为该协会历史上首个非人类会员。❷ 2016年3月，日本的人工智能有岭雷太独立创作的小说《人工智能写小说的那一天》参与日经新闻社的作品评选，评委会评价其作品“毫无破绽”。❸ 人工智能生成内容在各个领域的大量涌现，凸显出迫切需要对其进行法律保护的必要性。

最后，对人工智能进行规制的法律空白，凸显对其进行著作权保护的必要性。人工智能技术蓬勃发展，应用场景不断涌现，一定程度上解放了人类的生产力，但同时带来了隐患和风险。人工智能领域的法律滞后问题普遍存在，很多国家和地区在人工智能领域的立法难以跟上技术进步的步伐。就人工智能生成内容来讲，知识产权领域同样存在立法缺失的情况。在2018年北京菲

---

❶ 机器进军交响乐、歌剧领域的前奏？人工智能成功模仿巴赫清唱曲可以假乱真［EB/OL］.（2016－12－26）［2018－01－25］. http：//www. sohu. com/a/ 122660561_ 354973.

❷ 浅汐 . AI Aiva：人工智能真能作曲？［EB/OL］.（2017－10－12）［2018－02－25］. http：//www. uplier. com/xqfs/7321. html.

❸ 日本机器人都写小说了，人工智能当起了小说家［EB/OL］.（2016－03－25）［2018－01－25］. https：//www. sohu. com/a/65645053_ 355110.

林律师事务所（以下简称菲林律所）诉北京百度网讯科技有限公司（以下简称百度公司）著作权侵权纠纷案中，被告百度公司辩称：涉案文章是采用法律统计数据分析软件（威科先行法律信息库）获得的报告，报告中的数据并不是原告经过调查、查找或收集获得的，报告中的图表也不是由其绘制所得，而是由威科先行法律信息库自动生成，因此涉案文章不是由原告通过自己的智力劳动创造获得，不属于著作权法的保护范围。而法院最终仅判令百度公司自判决生效之日起7日内连续48小时刊登道歉声明，为菲林律所消除影响，并向菲林律所赔偿经济损失1000元及合理费用560元，驳回了菲林律所的其他诉讼请求。[1]这一判决结果很明显遵循了现有著作权法，认为威科先行法律信息库“创作”的分析报告不是自然人创作的，因此即使具有独创性，也不是著作权法意义上的作品。

（四）人工智能生成内容的可版权性分析

在弱人工智能的内容生成过程中，人工智能扮演的是辅助性创作工具的角色，与一般的计算机程序所提供的功能是类似的。对于此类生成内容的作品属性认定问题，早在20世纪就已经得到解决，即弱人工智能生成的内容因其本质属于人类通过辅助型工具进行创作的结果，无疑应当认定为作品，属于著作权法保护的客体范畴，理论和实务界对此并无争议，也不是本书所讨论的重点。目前引起争议的是强人工智能生成的内容，即智力水平已经接近人类的人工智能所生成的内容是否属于著作权法保护的作

[1] 参见（2018）京0491民初239号北京菲林律师事务所诉北京百度网讯科技有限公司著作权侵权纠纷一案民事判决书。

品。根据《中华人民共和国著作权法实施条例》第 2 条的规定，我国著作权法所称的“作品”是指文学、艺术和科学领域内具有独创性并能以某种有形形式复制的智力成果，其构成要件主要有两个：一是具有“独创性”的外在表达；二是要求作品必须属于文学、艺术和科学领域内的智力成果。以此衡量，人工智能的生成内容，如微软小冰的诗集和画作，深度巴赫所作的曲，都是采用如文字、图片或音符等表现形式表达出来，能够被人类客观感知，因此已满足要件之一的“外在表达”。

“独创性”是作品属性认定时最重要的考虑要素，也是考察人工智能生成内容是否属于作品的关键所在。著作权法将作品的独创性视为作品的本质属性，独创性是作品的灵魂。但无论是我国《著作权法》还是《著作权法实施条例》，都没有对“独创性”作出明确规定，因而对于人工智能生成内容是否具有独创性，学者之间出现了较大的分歧。一种观点主张对于独创性的评判应当倾向于客观化标准，❶ 因为作品一旦创作完成，就成为独立的客观表达，也只有这种独立存在的客观表达才能被其他人所感知。从这个角度出发，无论是独立性和创造性，都未将人工智能排除在外，给予了认定其独创性的可能。另一种观点则认为“独创性”体现在“作品源于作者独立的、富有个性的创作”，❷ 是作者精神与意识的产物，这就排除了人工智能生成内容被认定为作品的可能性。笔者认为，对于独创性的判断应该聚焦于作品

---

❶ 易继明．人工智能创作物是作品吗？［J］．法律科学（西北政法大学学报），2017（5）：137-147.

❷ 王迁．论人工智能生成的内容在著作权法中的定性［J］．法律科学（西北政法大学学报），2017（5）：148-155.

本身的产生过程，更多考虑客观标准。如果过于聚焦其创作主体的问题，会陷入“因为主体不是人，所以没有独创性；因为没有独创性，所以不是作品”的逻辑怪圈。[1]“独创性”（originality）的英文释义包含独立性和创造性两个基本要素。所谓独立性，是指作品的表达是独立完成而非抄袭复制他人。人工智能生成的内容与在先作品不相重复的情况下，可以认同其具有独立性。而创造性则指的是具备一定程度的智力创造，既与在先作品之间存在可以识别的差异，又能体现出作者的价值选择和个性，还要对人类文化做出一定的贡献。当下人工智能生成的文学艺术作品，很多在实践中通过了图灵测试，如微软小冰的诗歌和画作，测试者很难区分其是人工智能还是人类作者所创造，甚至很多内容能够引起人类心灵层面的共鸣。再比如有人认为人工智能所绘制的抽象画体现了后现代主义的虚无，不得不承认其具有创造性。我国著作权法的新一轮修订已开展多年，多次公布修改草案并向社会广泛征求意见，但仍未对“独创性”做出进一步的说明。对于独创性的判断考量着司法者的智慧，法院对于著作权的侵权判定多采纳客观标准。因为与无法定量的主观标准相比，客观标准只需和已有作品比较是否复制或抄袭即可。一部作品只要与先前的作品相区别，就可以认定其具有独创性。依据客观标准，人工智能的生成内容是具有“独创性”的外在表达。

最后，再来看一下人工智能的生成内容是否属于文学、艺术和科学领域内的智力成果。这里的核心问题取决于“智力成果”

---

[1] 王迁．论人工智能生成的内容在著作权法中的定性［J］．法律科学（西北政法大学学报），2017（5）：148-155.

是否必须为人类的智力成果。根据我国现行著作权法之规定，如果答案是肯定的，那么即使人工智能的生成内容从外在的表现形式上看与人类作品相同并且难以区分，也不能构成著作权法意义上的作品，进而不能受到我国著作权法的保护吗？在探讨人工智能生成内容的著作权问题时，应该采取的正确立场是："人工智能生成物，不过是人的生成物"，[1] 人工智能的生成内容表面上看是人工智能形成的，但从根本上来看，其实是人工智能的创设者或控制人基于技术实现的。[2] 因此，人工智能技术并未对现有著作权法律制度造成颠覆性冲击，完全可以根据现行《著作权法》对人工智能生成内容的作品属性及其权利归属作出合理安排和解释。[3] 我国《著作权法》修订案应该将符合作品构成要件的人工智能生成内容规定为作品的一种类型。目前《著作权法修订草案（送审稿）》中对于"作品"的界定采取了先概括后列举的方式，关于作品种类的几项列举当中虽未将人工智能生成内容纳入其中，但规定了"其他文学、艺术和科学作品"这一兜底条款，这是正确的立法选择。在理念上从"人类创作为中心"向"人类受众为中心"转变，并不需要知识产权法律制度发生根本性的变革。[4]

---

[1] 李扬．著作权法基本原理［M］．北京：知识产权出版社，2019：90.

[2] 丛立先．人工智能生成内容的可版权性与版权归属［J］．中国出版，2019（1）.

[3] 李扬，李晓宇．康德哲学视点下人工智能生成物的著作权问题探讨［J］．法学杂志，2018（9）.

[4] 梁志文．论人工智能创造物的法律保护［J］．法律科学（西北政法大学学报），2017（5）：156-164.

（五）人工智能生成内容的权利归属问题

1. 人工智能内容生成过程所涉及的主体分析

（1）人工智能。人工智能是生成内容的直接主体，人工智能自身的智能化水平高低也决定了其生成内容是否具有著作权保护的必要。主张将人工智能生成内容的著作权归属于人工智能的学界观点非常少见。学界的主流观点认为现阶段人工智能不是其生成内容的著作权主体。

（2）人工智能的开发者。人工智能的开发者负责编写程序、架构算法、迭代更新，从无到有建立人工智能，如果没有开发者，就没有人工智能，更别提人工智能的生成内容。人工智能生成内容背后是无数计算机程序开发者的汗水和辛劳。人工智能开发者的巨大投入，有获得回报的理由。但换个角度考虑，人工智能的开发者只是在前期负责算法的架构和数据的输入，虽然投入了一定量的劳动，但最终内容的生成有可能完全超出开发者的预想，人工智能所生成的具体内容并不是体现开发者所想表达的思想，很难有作品创作中的“合意”出现。

（3）人工智能的使用者。人工智能的使用者在人工智能内容生成过程中起到直接影响的作用。正是使用者对人工智能程序进行了触发（可能是轻点鼠标或按键，也可能是输入了几个关键词语），人工智能就开始了内容生成。虽然是使用者提供的关键动作或信息激发了后续内容的问世，但很难说仅凭此，使用者就可获得该内容的相关权利。虽然人工智能是按照使用者的或简单或烦琐的要求进行内容生成，但是，一方面使用者并不能对即将生成内容有意志上的把控，甚至有可能在无意中触碰了按键，就产生了后续内容；另一方面，相较于人工智能的开发者和投资者投入的时间、精力和资本，使用者的投入微乎其微。

（4）人工智能的投资者。人工智能的投资者是人工智能开发过程的组织者，并在开发过程中投入了人力、物力和资金，并承担研发失败所带来的风险。在当前的市场中，有能力进行大规模人力、物力和财力投资的往往是大企业，如谷歌、微软等。作为以营利为目的的公司而言，如果不能获取利益，其投资则难以延续，不利于人工智能行业的进一步发展。

2. 人工智能生成内容的著作权归属于投资者

上文已经讨论过，人工智能本身不能成为权利主体，所以人工智能的著作权归属问题主要牵涉人工智能的开发者、使用者和投资者这三个利益相关方，这三者都对人工智能的生成内容有直接或间接的贡献。开发者编写了人工智能的程序算法和数据模型，并推动人工智能的深度学习和更新迭代，是人工智能进行内容生成的前提和基础。换句话说，人工智能生成内容中被人们所认可的部分，与开发者的劳动脱离不了关系，没有开发者编写人工智能程序，触发人类情感共鸣的内容也永远不会出现。使用者的指令触发了人工智能的内容生成，但如果使用者的贡献在内容生成过程中过于微小，比如仅仅是敲击一下按键便有内容产生，那么将著作权归属于使用者是不够合理的。投资者在人工智能的开发过程中投入了大量人力、物力和资金，并负担开发失败所带来的风险，如果投入和承担的风险得不到补偿，则有违公平原则。

在现行著作权法框架之下，人工智能生成内容的著作权归属问题本着契约主义原则，可以由人工智能的开发者、使用者和投资者这三个利益相关方进行约定。在没有约定或者约定不明的情况下，可以参考电影作品的权利归属安排。人工智能作为技术密集型行业，需要大量的技术与人财物的投入，而且作为新兴产业，人工智能技术从开发到投入商用尚没有清晰完整的商业路径，诸多商业业态仍在摸索当中，投资风险高，回收周期长。人工智能生成内容的产生是多方共同作用的结果，开发者贡献了脑力劳动，使用者的触发造成内容的最终生成，而投资者的资金投入是前期开发活动的基础和保障。三方均对内容生成有不同程度的贡献，也都有获得著作权的合理诉求，所以人工智能生成内容的著作权面临过度分割的风险。为了保证产业投资的积极性，确保行业未来的长远发展，参考电影作品著作权归属的成功立法经验，将人工智能生成内容的著作权归属于人工智能的投资者最为合适。

权利人应该是承担法律责任的人，❶ 在考量人工智能生成内容的著作权归属问题时，应该将责任的承担考虑在内。在内容生成的过程中，难免会发生侵权的情况。诸如在生成的内容当中出现抄袭或者违法的信息，对不特定方造成精神或物质方面权利的侵犯，应该有人承担相应责任。因此，笔者认为，基于对人工智能的开发者、使用者和投资者三方综合考量，将权利给予人工智能的投资者是最为恰当的。使用者在触发过程中难以对侵权的后果有所预计，甚至存在无意中触发或者不存在使用人的情况，比如由动物按下了按键或者由人工智能自行进行了内容生成的情况，因此由使用者承担责任并不合适。而开发者可以认为与投资人具有雇佣关系，人工智能的开发可以看作

❶ 王晓巍．智能编辑：人工智能写作软件使用者的著作权侵权规制［J］．中国出版，2018（11）：49-52.

职务作品或雇佣作品。作为人工智能的投资者，在人工智能从开发到应用过程中，所投入的人财物都显著高于其余两方，因此人工智能生成内容的著作权归属于投资者，是比较合理的现实安排。

（六）结束语

人工智能作为引领未来的战略性技术，已成为经济发展的新引擎和国际竞争的新焦点。因此，无论是从激励创新、促进文化产业的健康有序发展和良性循环的角度，还是考虑要解决好法律的前瞻性和稳定性问题的视角，社会各界对于对人工智能的生成内容进行法律保护的必要性均已达成共识。至于应该用什么样的方式对人工智能的生成内容进行保护，目前理论界和实务界还存在一些争议。因此，当务之急是需要在人工智能生成内容能否构成作品的问题上达成共识。在此基础上，利用《著作权法》修订的宝贵契机，通过对相关条文的修改或者扩张解释对人工智能生成内容的著作权保护加以规范。毕竟对人工智能进行专门立法比修订《著作权法》这种模式启动起来要缓慢和艰难，而我们讨论和研究这些问题的最终目的是为了给人工智能产业发展保驾护航。[1]

[1] 孙玉荣．版权保护为人工智能发展护航［EB/OL］．(2019-07-19)［2019-12-31］．http：//tech. gmw. cn/2019-07/19/content_ 33011029. htm.

【经典案例】

（一）北京菲林律师事务所诉北京百度网讯科技有限公司著作权侵权纠纷案

【案情简介】[1]

原告诉求

原告北京菲林律师事务所（以下简称菲林律所）向北京互联网法院提出如下诉讼请求：（1）请求法院判令被告北京百度网讯科技有限公司（以下简称百度网讯公司）立即停止侵权，删除百家号上“点金圣手”发布的《影视娱乐行业司法大数据分析报告——电影卷·北京篇》（以下简称涉案文章）；（2）请求法院判令被告赔礼道歉、消除影响，在“点金圣手”百家号上发布道歉声明；（3）请求法院判令被告赔偿原告经济损失1万元；（4）请求法院判令被告赔偿原告为维权所支出的合理费用30元。

事实与理由

原告主张，涉案文章系文字作品和图形作品，于2018年9月9日首次在菲林律所微信公众号上发表。2018年9月10日，“点金圣手”未经许可在被告经营的百家号平台上发布被诉侵权文章，侵害了原告的信息网络传播权。被告删除了涉案文章的引

[1] 案情简介和判决结果等参见北京互联网法院（2018）京0491民初239号民事判决书。

言、检索概况、电影行业案件数量年度趋势图和结尾的“注”部分，侵害了原告的保护作品完整权。被告删除了涉案文章的署名，侵害了原告的署名权。被告的侵权行为对原告造成经济损失。诉讼过程中，原告放弃其第1项诉讼请求，变更第2项诉讼请求为“请求判令被告赔礼道歉、消除影响，在百家号平台上发布道歉声明”，变更第4项诉讼请求为“请求判令被告赔偿原告为维权所支出的合理费用560元”。

被告辩称

（1）涉案文章不具有独创性，系采用法律统计数据分析软件（威科先行法律信息库，以下简称威科先行库）获得的报告，报告中的数据并不是原告经过调查、查找或收集获得的，报告中的图表也不是由其绘制所得，而是由威科先行库自动生成的，因此涉案文章不是由原告通过自己的智力劳动创造获得，不属于著作权法的保护范围。（2）原告不是本案的适格主体。（3）原告没有证据证明百家号平台发布了被诉侵权文章。涉案文章的引言和注释部分不属于涉案文章的主要内容，且被告未对涉案文章内容进行编辑、删除，即使有删除行为，也没有对涉案文章进行歪曲篡改而造成其思想的误读，故被告未侵害原告的保护作品完整权。百家号是信息存储平台，被告不对内容进行实质审查，未实施侵权行为。（4）原告主张被告赔礼道歉没有事实和法律依据。综上，请求法院依法驳回原告的全部诉讼请求。

争议焦点及法院认定

（1）原告是否为适格的主体；（2）被告是否实施了被诉侵权行为；（3）被告主张不构成侵权的抗辩是否成立。

要回答原告是否为适格主体的问题，首先需要对涉案文章的性质及权益归属问题进行分析判断。

1. 原告主张的图形是否构成图形作品

图形作品是指为施工、生产绘制的工程设计图、产品设计图，以及反映地理现象、说明事物原理或者结构的地图、示意图。图形构成作品需具有独创性。就本案来说，相关图形是原告基于收集的数据，利用相关软件制作完成，虽然会因数据变化呈现出不同的形状，但图形形状的不同是基于数据差异产生，而非基于创作产生。针对相同的数据，不同的使用者应用相同的软件进行处理，最终形成的图形应是相同的；即使使用不同软件，只要使用者利用常规图形类别展示数据，其表达也是相同的，故上述图形不符合图形作品的独创性要求。法院将涉案文章中的图形与威科先行库生成的大数据报告 1、2 的相关图形进行对比，无法体现原告的独创性表达。因此，涉案文章中的图形不构成图形作品，原告对其享有著作权的主张不能成立，对原告相关诉讼请求，法院不予支持。

2. 原告主张的文字是否构成文字作品

关于威科先行库自动生成的分析报告是否构成作品的问题。法院认为，具备独创性并非构成文字作品的充分条件，根据我国现行法律规定，文字作品应由自然人创作完成，即自然人创作完成仍应是著作权法上作品的必要条件。涉案文章系威科先行库利用输入的关键词与算法、规则和模板结合形成，不是由自然人创作，因此该分析报告即使具有独创性，也不是著作权法意义上的作品，不能认定威科先行库是作者并享有著作权法规定的相关权利。法院同时指出：虽然分析报告不构成作品，但不意味着其进入公有领域，可以被公众自由使用。

关于涉案文章是否为威科先行库自动生成。法院认定，涉案文章的文字内容并非威科先行库“可视化”功能自动生成，而是原告独立创作完成，具有独创性，构成文字作品。被告的抗辩不能成立。

3. 被告是否侵害原告享有的著作权

本案中，被告辩称百家号平台是信息存储平台，法院对此不持异议。本案审理过程中，原告曾主张被诉侵权文章由百家号用户提供，后转而主张被诉侵权文章由被告提供。法院认为，经营者在提供信息存储空间服务等技术服务的同时，并不能排除同时提供内容服务（作品、表演、录音录像制品等）的可能。

（1）百家号平台是否存在被诉侵权文章。

法院认为，原告主张被告实施了提供被诉侵权文章的行为，应当承担举证证明责任，原告初步举证证明通过百家号平台能够获得被诉侵权文章，若被告仍辩称其未实施提供内容行为，应由被告承担相应的举证证明责任。本案中，原告提交了被诉侵权文章的网页截图，显示被告经营的百家号平台上存在被诉侵权文章。法院认为，原告已完成初步举证责任，被告未提交相反证据证明其未实施上述行为，应承担举证不能的民事责任。综上，法院确认在原告取证之时，被告经营的百家号平台上存在被诉侵权文章。

（2）被告向用户提供服务的性质。

本案中被告主张其仅提供信息存储空间服务，辩称其平台上不存在被诉侵权文章，但未提供证据予以证明。法院认为，被告作为网络服务的提供者，持有并管理着相关用户信息及提供相关服务时留存的信息。在原告已提交初步证据证明百家号平台上存在被诉侵权文章的情况下，被告应进一步提供证据或证据线索，如提供证明百家号平台上被诉侵权文章的上传者是否存在的相关证据。因被告未提供关于上传者的相关证据，故法院对被告在本案中仅提供信息存储空间服务的抗辩不予采信，故而认定被告通过信息网络向公众提供了被诉侵权文章。

（3）被告是否侵害原告享有的权利。

被告未经许可，在其经营的百家号平台上向公众提供了被诉侵权文章内容，供公众在选定的时间、选定的地点获得，侵害了原告享有的信息网络传播权，应承担相应的民事责任。故原告要求被告赔偿经济损失的主张，法院予以支持。

原告主张被告侵害了其享有的署名权。法院认为，署名权即表明作者身份，在作品上署名的权利。本案中，原告创作完成涉案文章后，在文章中标注了名称，并注明原创；而在被告提供的被诉侵权文章中，删除了其署名，且出现了“点金圣手”的字样，足以导致相关公众误认为“点金圣手”系作者，侵害了原告享有的署名权。被告应以合理的方式向原告赔礼道歉、消除影响。

原告主张被告侵害了其享有的保护作品完整权。法院认为，保护作品完整权是指保护作品不受歪曲、篡改的权利。本案中，将百家号平台上的被诉侵权文章与原告微信公众号上的涉案文章相比较，前者删除了原告为整个系列作品创作的引言、检索概况，电影行业案件数量年度趋势图和结尾的“注”部分，上述内容均非体现涉案文章独创性表达的主要内容，未歪曲、篡改原告表达的思想，故对原告的该项主张，法院不予支持。

【判决结果】

被告在百度百家号平台首页上连续 48 小时刊登道歉声明，为原告消除影响，并赔偿原告经济损失 1000 元及合理费用 560 元，驳回原告北京菲林律师事务所的其他诉讼请求。

【简要评析】

本案的争议焦点是将关键词输入计算机软件，依据算法、规则和模板自动形成的分析报告是否属于著作权法意义上的作品，计算机软件报告自动生成过程中的相关方，如软件开发者和软件使用者是否享有著作权法规定的相关权利，以及菲林律所对其在以上分析报告基础上整理的文章是否享有著作权。

对于媒体关于此案的报道中所使用的“全国首例人工智能生成内容著作权案”[1] 的表述，笔者认为并不准确。在法院的判决书中并未出现“人工智能”或“AI”的字眼，而是采用了“计算机软件自动生成”的表述。涉案文章是将关键词输入计算机软件，通过既有的算法和模板自动生成的产物，这至多只能算作弱人工智能的生成物，而不是本书要讨论的人工智能的生成内容。当前人工智能技术风起云涌，人工智能通常指的是能够进行机器学习，智能化水平相仿人类的计算机程序。法院在判决中并未将涉案文章认定为人工智能作品或人工智能生成内容，故将此案认定为我国人工智能生成内容著作权第一案并不合适。

本案中，原告菲林律所采用的计算机软件是由“威科案例”所提供，在该程序中可以设置检索条件，如关键词、审理法院、审判时间、案由等，在选择“可视化”条件后，程序会自动生成可视化的大数据报告，报告形式涵盖曲线图、柱状图、圆环图等可视化分析图形，通过图形的形式对数据进行分析。原告菲林律所在生成的报告基础上进行修改和整理，才有了在其微信公众号上发布的《影视娱乐行业司法大数据分析报告——电影卷·

---

[1] 《法制日报》记者徐伟伦撰写的《全国首例人工智能生成内容著作权案一审宣判》在法制网 2019 年 5 月 7 日发表后被多家媒体报道转载。

北京篇》一文。

对于威科案例自动生成的分析报告是否构成作品的问题是此案的一大争议焦点，从分析报告生成过程看，选定相应关键词，使用“可视化”功能自动生成的分析报告，其内容涉及对电影娱乐行业的司法分析，符合文字作品的形式要求，“涉及的内容体现出针对相关数据的选择、判断、分析，具有一定的独创性”[1]。但是，北京互联网法院同时认为，具备独创性并非构成文字作品的充分条件，并不是具备独创性就构成著作权法意义上的作品，文字作品的创作主体应该是自然人。虽然随着计算机技术的不断发展进步，由计算机软件智能生成的一部分内容在外在表现形式上和自然人作品越来越接近，甚至达到了与人类作品不相上下的程度。但是，若在现行法律的权利保护体系内可以对此类软件的智力、经济投入予以充分保护，则不宜对民法主体的基本规范予以突破。因此，一审法院认为，“自然人创作完成仍应是著作权法上作品的必要条件”，计算机程序在智能生成的过程中虽然涉及计算机软件的开发者和使用者，但由于最终产生的分析报告并未传递开发者的思想与情感表达，因此并不能认为计算机智能生成内容是开发者意志的体现。对于软件的使用者，虽然提供了相应的关键词等检索条件，但亦不应认为最后可视化报告的产生体现了其思想和意志。因此，该分析报告的产生，不能够被认为是软件开发者和使用者创作产生，以上两方均不是该报告的作者。该报告系威科先行库利用输入的关键词与算法、规则和模板结合形成的，某种意义上讲可认定是威科先行库“创作”了该分析报告。由于该报告的创作主体不是自然人，因此即使其

[1] 北京互联网法院（2018）京0491民初239号民事判决书。

外在表现上具备独创性，但仍然不应认定其为著作权法意义上的作品。[1] 笔者对该判决书的上述部分不能表示全部认同。法院认为，涉案作品具有独创性，这是正确的。本案中，最终产生的分析报告虽是由计算机程序自动生成，但是该计算机程序不过是作为创作工具而存在，该计算机智能生成内容是软件开发者和使用者意志的体现。本案原告仅是软件的使用人，这是该案与深圳腾讯公司诉上海盈讯公司侵害著作权及不正当竞争纠纷案的最大区别。除此之外，两个案件中的涉案软件性质不同，腾讯机器人 Dreamwriter 自动撰写的稿件和本案中威科检索系统自动生成的分析报告性质根本不同。一南一北两个法院作出的不同判决，除了因为案情本身的差别，也反映了法官在判案过程中对我国著作权法律条文的不同解读。

（二）深圳腾讯公司诉上海盈讯公司著作权侵权纠纷案

【案情简介】[2]

2019 年 9 月 4 日，广东省深圳市南山区人民法院公开审理了原告深圳市腾讯计算机系统有限公司诉被告上海盈讯科技有限公司侵害著作权及不正当竞争纠纷一案。原告深圳市腾讯计算机系统有限公司请求法院判令被告立即停止通过信息网络对外传播原告享有著作权的文章及不当竞争行为，并连续一个月在其官方网站首页显著位置刊登改正其侵权行为的声明、消除侵权行为的

---

[1] 北京互联网法院（2018）京 0491 民初 239 号民事判决书。

[2] 案情简介及法院认定和判决结果部分参见广东省深圳市南山区人民法院民事判决书（2019）粤 0305 民初 14010 号。

不良影响，赔偿原告经济损失人民币 1 万元及公证费和律师费等合理开支人民币 9000 元。事实与理由如下：Dreamwriter 计算机软件（以下简称涉案软件）是腾讯科技（北京）公司于 2015 年自主开发的一套基于数据和算法的智能写作辅助系统，已将其软件著作权许可给原告使用。2018 年 8 月 20 日在腾讯证券网站上首次发表的《午评：沪指小幅上涨 0.11% 报 2671.93 点 通信运营、石油开采等板块领涨》的财经报道文章（以下简称涉案文章），系由原告主创人员使用 Dreamwriter 智能写作助手完成，并在文章末尾注明“本文由腾讯机器人 Dreamwriter 自动撰写”。涉案文章系由原告主持，代表原告意志创作，并由原告承担责任的作品，原告依法应视为涉案文章的作者，涉案文章作品的著作权归原告。被告上海盈讯公司未经许可在原告文章发表当日就进行了完全复制，并在其运营的“网贷之家”网站通过信息网络向公众传播，侵犯了原告的信息网络传播权，构成不正当竞争行为。

被告在庭审中表示认可原告所主张的事实。

争议焦点及法院认定

1. 原告是否为适格的主体

从涉案文章的外在表现形式与生成过程来分析，该文章的特定表现形式及其源于创作者个性化的选择与安排，并由 Dreamwriter 软件在技术上“生成”的创作过程均满足著作权法对文字作品的保护条件，法院认定涉案文章属于我国著作权法所保护的文字作品。

《著作权法》第 11 条规定，创作作品的公民是作者。由法人或者其他组织主持，代表法人或者其他组织意志创作，并由法人或者其他组织承担责任的作品，法人或者其他组织视为作者。

本案中，原告主张涉案文章系法人作品，著作权由其享有。

法院认为，根据查明的事实，涉案文章是在原告的主持下，由包含编辑团队、产品团队和技术开发团队在内的主创团队运用 Dreamwriter 软件完成，并未提及涉案文章还有其他参与创作的主体。涉案文章是由原告主持的多团队、多人分工形成的整体智力创作完成的作品，整体体现原告对于发布股评综述类文章的需求和意图。涉案文章在由原告运营的腾讯网证券频道上发布，文章末尾注明“本文由腾讯机器人 Dreamwriter 自动撰写”，其中“腾讯”署名的指向，结合其发布平台应理解为原告，说明涉案文章由原告对外承担责任。故在无相反证据的情况下，法院认为涉案文章是原告主持创作的法人作品，原告是本案适格的主体，有权针对侵权行为提起民事诉讼。

2. 被告是否侵害原告享有的著作权

被告未经许可，在其经营的网站上向公众提供了被诉侵权文章内容，供公众在选定的时间、选定的地点获得，侵害了原告享有的信息网络传播权，应承担相应的民事责任。故原告要求被告赔偿经济损失的主张，法院予以支持。庭审中，原告确认被控侵权文章已经删除，故对于其停止侵权的诉讼请求，法院不再支持。

对于侵犯著作权的行为，法院已经依照《著作权法》的具体条款对原告予以救济，不再符合《反不正当竞争法》的适用条件。因此，对原告主张被告的行为构成不正当竞争行为的诉讼主张，法院不予支持。

关于赔偿数额，因原告无证据证明因涉案侵权行为给其造成的实际损失和被告因此而实际获利的情况，故法院综合考虑作品类型、合理使用费、侵权行为的性质及后果、原告必要合理的维权支出等因素，酌定被告赔偿原告经济损失及合理的维权费用人民币 1500 元。

至于原告要求被告在其公司网站首页刊登声明以消除影响的诉讼请求，因无证据证明被告的侵权行为对原告的商誉或原告就涉案作品所享有的著作人身权造成损害，故对该项诉讼请求依法不予支持。

【判决结果】

法院判决被告赔偿原告经济损失及合理维权费用人民币 1500 元，驳回原告的其他诉讼请求。

【简要评析】

此案一审判决后，引发了业界的广泛关注。审理本案的核心焦点是涉案文章能否构成文字作品。深圳市南山区人民法院在判决书中并没有浓墨重彩地去阐述关于机器人是否能够创作的问题，而是根据《中华人民共和国著作权法实施条例》第 2 条的规定，直接从作品的定义展开焦点问题的认定，即涉案文章是一篇股市财经综述文章，属于文学领域的表达，具有可复制性。因此，判断涉案文章是否构成文字作品的关键在于看其是否具有独创性。

首先，判断涉案文章是否具有独创性，应当从是否独立创作及外在表现上是否与已有作品存在一定程度的差异，或具备最低程度的创造性进行分析判断。涉案文章由原告主创团队人员运用 Dreamwriter 软件生成，其外在表现符合文字作品的形式要求，其表现的内容体现出对当日上午相关股市信息、数据的选择、分析、判断，文章结构合理、表达逻辑清晰，具有一定的独创性。

其次，从涉案文章的生成过程来分析是否体现了创作者的个性化选择、判断及技巧等因素。根据原告的陈述，原告组织包含编辑团队、产品团队和技术开发团队在内的主创团队运行 Dreamwriter 软件生成包含涉案文章在内的财经新闻类文章。涉案文章的生成过程主要经历数据服务、触发和写作、智能校验和智能分发四个环节。在上述环节中，数据类型的输入与数据格式的处理、触发条件的设定、文章框架模板的选择和语料的设定、智能校验算法模型的训练等均由主创团队相关人员选择与安排。涉案文章的创作过程与普通文字作品创作过程的不同之处在于创作者收集素材、决定表达的主题、写作的风格以及具体的语句形式的行为，即原告主创团队为涉案文章生成作出的相关选择与安排和涉案文章的实际撰写之间，存在一定时间上的间隔。法院认为，涉案文章这种缺乏同步性的特点是由技术路径或原告使用的工具本身所具备的特性所决定的。原告主创团队相关人员的上述选择与安排符合著作权法关于创作的要求，应当将其纳入涉案文章的创作过程。根据《著作权法实施条例》第 3 条规定，著作权法所称创作，是指直接产生文学、艺术和科学作品的智力活动。据此，具体认定是否属于创作行为时应当考虑该行为是否属于一种智力活动以及该行为与作品的特定表现形式之间是否具有直接的联系。显然本案中原告主创团队在数据输入、触发条件设定、模板和语料风格的取舍安排与选择，属于与涉案文章的特定表现形式之间具有直接联系的智力活动。从整个生成过程来看，如果仅将 Dreamwriter 软件自动生成涉案文章的这两分钟时间视为创作过程，便确实没有人的参与，仅仅是计算机软件运行既定的规则、算法和模板的结果，但该软件的自动运行并非无缘无故或具有自我意识，其自动运行的方式体现了原告的选择，也是由 Dreamwriter 软件这一技术本身的特性所决定。如果仅将 Dreamwriter

软件自动运行的过程视为创作过程，则是在某种意义上将计算机软件视为创作的主体。这与客观情况不符，也有失公允。因此，从涉案文章的生成过程来分析，该文章的表现形式是由原告主创团队相关人员个性化的安排与选择所决定的，其表现形式并非唯一，具有一定的独创性。至于 Dreamwriter 软件研发人员的相关工作与涉案文章的独创性之间有无直接的关联，考虑到本案的实际情况以及软件著作权人已与原告约定，其使用授权软件所创作的作品的著作权归原告所有，已无查明必要，在所不问。[1]

人工智能产业的迅猛发展和应用引发了社会各界的广泛关注，如何应对人工智能对知识产权法的挑战，也是近年来备受各界关注的一个热点和焦点话题，特别是对于人工智能生成内容的作品属性和它的权利归属问题，理论界研究的比较多，却一直没有达成共识。2020 年 1 月 11 日，腾讯研究院发布《数字变革与治理创新：2019 年全球互联网法律政策观察》，将“人工智能应用内容领域的可版权性争议骤起”作为 2019 年网络版权领域的首要新趋势。[2] 人工智能知识产权领域立法空白亟须填补，期待我国《著作权法》修订案能够早日出台。

---

[1] 参见广东省深圳市南山区人民法院民事判决书（2019）粤 0305 民初 14010 号。

[2] 腾讯研究院．腾讯研究院发布《数字变革与治理创新：2019 年全球互联网法律政策观察》[EB/OL].（2020-01-15）[2020-02-01]. https://baijiahao.baidu.com/s?id=1655810172747002188&wfr=spider&for=pc.

第二章　3D 打印著作权法律问题探究[1]

3D 打印技术最早可溯源至 1984 年查克·赫尔（Charles Hull）发明的立体光刻技术（又称光固化），然而这只是曾经用来描述 3D 打印的一个术语，在相当短的演变时间内，又出现了其他几个替代名词，包括快速成型制造、增材制造等。3D 打印是一种在数字模型基础上，通过连接 3D 打印机进行逐层打印构造物体外形实体的技术。[2] 3D 打印技术具有一次性成功生产、制造效率高的特点，多应用在医疗、文化创意产业等制造业领域。

3D 打印的整个流程是从一个完好的 3D 数字模型开始的，[3]具体程序大致如下：第一，利用建模软件设计 3D 数字模型并存

---

[1] 本章主要内容发表于《北京工业大学学报（社会科学版）》2017 年第 3 期及《科技与法律》2017 年第 4 期，作者：孙玉荣、王罡（现工作于浙江大学），本次出版时由孙玉荣修改定稿。

[2] 方恩印，钱志伟．基于惠普 MJF 技术的 3D 打印机探析［J］．印刷技术，2015（9）：30-32.

[3] BRIAN EVANS. 解析 3D 打印机［M］．程晨，译．北京：机械工业出版社，2014：25.

入电脑中；第二，把粉末状的打印材料装入打印机；第三，将打印机与电脑连接，由电脑控制，通过 3D 打印机将打印材料根据 3D 数字模型进行一层层地叠加完成 3D 打印。3D 打印完成后，还要进行必要的后续处理，例如打磨等，最终实现计算机中的一个数字文件转变成一个目标实物。目前，我国 3D 打印在由 3D 数字模型到 3D 打印物完成的过程中，面临一系列知识产权方面的法律问题。其中，3D 打印数字模型的复制及其著作权保护问题是核心、焦点问题。

一、3D 数字模型的作品属性

3D 数字模型产生的方式很多，并且获取的渠道更是多样。我们需要对 3D 数字模型的产生方式以及人们获取 3D 数字模型的渠道做出一定的区分。有些学者将 3D 数字模型产生的方式与人们获取的渠道合并在一起讨论。[1] 笔者认为，3D 数字模型的产生方式与获取渠道还是存在很大差别的，对两者的差异进行讨论，可以更好地对 3D 数字模型的著作权保护问题进行研究。

3D 数字模型的产生有以下几种方式：第一，由专业的人员转换客户自己设计的不同文件格式的设计文件。由于 3D 打印机只能识别 STL 格式的文件，所以 3D 打印公司的专业人员通过对客户设计的 3D 数字模型进行一些参数修改，将其转换为能够被 3D 打印机识别的数字模型文件，修改参数之后的 3D 数字模型

[1] 罗娇．“3D 打印”的著作权法律问题探究［J］．知识产权，2014（8）：41-47.

文件就是一个能够实现向 3D 打印物转化的 3D 数字模型。第二，扫描现有的物体来获取 3D 数字模型。通过 3D 扫描仪扫描人们想要打印的实体，就能够快速、便捷地产生 3D 数字模型。第三，其他渠道。人们从其他渠道获得 3D 数字模型，并在此模型基础上进行图样式的修改，从而获得一个新的 3D 数字模型。第四，自行设计。人们根据自己想要的目标，使用专门软件设计并制作符合自己需要的 3D 数字模型。

实际上，人们获取 3D 数字模型的渠道要比上述产生方式宽广得多，既包括购买专业公司制作的 3D 数字模型，也包括从网络下载的 3D 数字模型。在当下互联网发达的环境下，人们获取 3D 数字模型变得更加方便、快捷。目前，互联网上存在专门共享 3D 数字模型的平台网站。例如，国内的 I3D ONE 社区就是一个三维设计分享的平台。该平台拥有大量的已设计完成的数字模型，人们可以随意下载并能够直接打印。对于那些普通人来说，虽然他们自行设计制作 3D 数字模型有一定的技术难度，但是通过互联网下载 3D 数字模型为己所用是多数不会设计 3D 数字模型人的普遍选择。

1. 3D 打印数字模型是否是“作品”

依据我国《著作权法实施条例》第 2 条的规定，3D 数字模型是否构成作品及能否获得著作权保护，主要看 3D 数字模型是否满足独创性这一条件。前文叙述了 3D 数字模型的产生方式，不同方式产生的 3D 数字模型具有不同程度的独创性，这在是否能成为著作权法意义上的作品获得著作权保护方面，会有不同的结果。

第一，3D 数字模型是通过转换其他设计文件的格式得到的，需要通过专业人员进行一些参数的调整以适应 3D 打印机，从而获得更加准确的 3D 打印物品。这与将一个 Word 格式文件转换成一个 PDF 格式的文件的性质是一样的，并没有添加实质性的内容，构成不一样的表达。因此，这类经过修改格式得到的 3D 数字模型不属于著作权法意义上的作品。

第二，依托于 3D 扫描仪设备、通过扫描立体物品形成数字化的模型，虽然与原创模型同为 3D 数字模型的源模型，在功能及形式上完全一样。但是，著作权法在判断这类模型时会因“创造性”因素而产生截然不同的认定结果。这主要有两方面的原因。一方面，通过 3D 扫描仪形成 3D 数字模型的过程中，人们所付出的智力劳动难以体现在模型的完成上。这类模型得以产生的最重要因素是人们对 3D 扫描仪这一设备的利用，这个过程很难体现出智力劳动。因此，在 3D 数字模型的产生过程中，模型作者所付出的智力劳动是十分有限的。另一方面，通过 3D 扫描仪得到的 3D 数字模型在内容上和被扫描物完全一样，不会出现不一样的数据，相当于对被扫描物进行源数据搜集，最终打印出来的物品也会是和被扫描物一模一样的物品，即有相同的功能和内容，因而很难体现出必要的创造性。

第三，因修改已有 3D 数字模型的内容而产生新的 3D 数字模型，与著作权法中的“改编作品”相类似。它是在已有的 3D 数字模型的基础上进行部分创造，有一定智力劳动的付出，创造者在修改方式及内容上依赖于修改者的主观判断与智力思考，具有一定程度的创造性，也能构成著作权法意义上的作品。因为在当今市场上，即使创造出同样功能的产品 3D 数字模型，各个商家在生产工艺或者规格上也可能会存在很大的差别，这体现在厂家在修改某类商品的 3D 数字模型时所要修改的具体内容上。不同规格和材质的产品在市场上也会使消费者有不同的选择。因此，在符合独创性要求的前提下，经过原权利人的许可授权，这类含有部分原创性的 3D 打印数字模型可以成为著作权法所保护的对象。

第四，自行设计的 3D 数字模型属于原创型的 3D 数字模型，完全依赖于创作者的独立创作行为而产生。创作者在创作这个 3D 数字模型的过程中经过自己的构思，用线条、颜色、形状等来表达创作者的思想与意识，所付出的智力劳动能够使它具备充分的创造性，能够达到著作权法对作品的判定标准，属于著作权法保护范围内的作品。因此，自行设计的 3D 数字模型可以获得著作权法的全面保护。

2. 3D 数字模型属于何种作品

既然具有独创性的 3D 数字模型属于著作权法所保护的作品，那么 3D 数字模型到底属于哪一类别的作品呢？我国《著作权法》第 3 条将文学、艺术和科学领域内的作品分成了九类，但并没有明确地将 3D 数字模型归属于哪一类。有的学者认为 3D 数字模型属于计算机程序。[1] 笔者对此观点持否定意见。根据我国《计算机软件保护条例》第 3 条对计算机程序的定义可以得知，计算机程序是一种代码化指令序列或符号化指令序列，或者符号化语句序列。但是，3D 数字模型只是存储在计算机等电子设备上的一种文件，并不能执行任务指令，需要依靠其他计算机程序完成对 3D 数字模型的创作、打印等任务。它本身并不能让

[1] Perry J. Viscounty, Andrew M. Gass, Kyle A. Virgie . 3D printing : a new technology challenges the existing intellectual property framework [J]. Orange County Lawyer, 2014 (10): 16-21.

计算机执行某种任务也不能控制 3D 打印机的运作。[1] 因此，3D 数字模型不可能归属于计算机程序。

可见，由于 3D 打印技术主要应用在制造生产方面，因此 3D 数字模型的作品类别认定应当根据设计 3D 数字模型的设计目的及最终形成的 3D 打印物来判断。当创作 3D 数字模型是为了满足某种生产需要时，即应用它们制造某种具体的物品，例如，产品设计图、工业设计图等，在这种情况下的 3D 数字模型应该归类于著作权法规定的图形作品。如果 3D 数字模型在构图和色彩搭配中融入了艺术性元素，构成具有审美意义的造型艺术，并且带给人们美的享受，这时就应当被视为美术作品。[2] 因而，蕴含技术功能的 3D 数字模型同时具有了一定的审美意义时，主要应看它的功能性是否可以与艺术性相分离；若能够分离的话，这种 3D 数字模型应当被认定为实用艺术作品，要保护其中的艺术性部分。

二、3D 打印物的作品属性

学界在 3D 数字模型的作品认定问题上意见比较一致，但是对于根据 3D 数字模型打印出来的 3D 打印物是否属于作品则存在很大的争议。有观点认为依据著作权法对作品的定义，根据 3D 数据模型打印出的 3D 打印物不具备独创性，不能被看作著

[1] Brian Rideout. Printing the impossible triangle: the copyright implications of three-dimensional printing [J]. Journal of Business Entrepreneurship & Law, 2011 (5): 161-177.

[2] 黄玉烨，张惠瑶 . 3D 数字模型的复制权保护探析 [J]. 中南大学学报（社会科学版），2015 (5): 45-50.

作权法意义上的作品，只是3D数字模型作品的载体。[1] 笔者认为，在3D打印中，不能简单地将3D数字模型到3D打印物的转变看作只是载体的不同，它不同于类似文字的一种载体转换，而是一个从二维到三维的转变过程。3D数字模型的最终价值主要还是体现在转化后的3D打印物之上，并不是简单的载体上的变化。如工业设计图等服务于特定科技活动时，作品表达内容的客观性以及具备的科学性、规范性，使作者在作品信息内容上的个人表达空间有限。"3D打印是一个具有欺骗性的名词"，因为3D打印更多的是一种生产制造过程而非打印。[2] 由此可见，若3D打印物不能获得著作权法保护，那么3D数字模型的设计者就会失去对打印结果的演绎与再利用的控制。因此，笔者认为，根据具有独创性的3D数字模型打印出来的3D打印物，应该归属于著作权法保护的作品。但是，依据目前著作权法的保护范围来看，只有工程设计图和产品设计图本身属于著作权法保护的作品之列，著作权法只保护表达，不保护思想，因此操作方法、技术方案和实用功能等不受著作权法保护。

三、如何界定3D数字模型到3D打印物的转换

3D打印物是在3D数字模型的基础上产生的，从3D数字模

---

[1] 俞琳．应对3D打印的我国著作权制度的完善［D］．厦门：厦门大学，2014.

[2] 马忠法．3D打印中的知识产权问题［J］．电子知识产权，2014（5）：30-38.

型到 3D 打印物的转换是一个从二维到三维的转换过程，这种转换是属于复制还是制造？如何界定这一过程的性质非常重要，它将决定 3D 打印物的著作权保护会有不同的法律后果，即不同的 3D 数字模型打印出来的 3D 打印物受著作权保护的界限是不一样的。再者，由于 3D 打印在很大程度上主要应用在生产领域，属于一种“制造”行为，这使得依据 3D 数字模型打印物品的过程所遇到的著作权保护法律问题变得更加复杂。

从二维到三维的转换是否属于“复制”，我国的著作权法对此并没有明确的规定。因此在这一点上，我国学术界存在很大的争议，学者们对“复制”的理解与认知不尽相同。有的学者认为“复制”仅指从平面到平面的复制，不包括从平面到立体的复制。[1] 有的学者认同广义的“复制”概念，认为复制应当包括从平面到立体的复制，这样才能更好地保护美术作品或者建筑作品。[2] 还有学者提出 3D 打印数字模型的过程中可能会存在使用不同的材料而带来不同的用途和价值，在内容上不一定完全一致，不属于传统意义上的复制，更像是“制造”。[3] 学者们的观点都在一定程度上具有一定的合理性。将 3D 数字模型转换成 3D 打印物过程的性质认定是复制抑或制造，会导致最后面临不同的法律后果。著作权法只保护复制权，而制造属于生产，应在专利权法的保护范畴。笔者认为，虽然有学者指出制造与复制的不同，但是在 3D 打印领域，只要将复制的范围问题解决就能够很

---

[1] 王迁．知识产权法教程［M］．北京：中国人民大学出版社，2011：121.

[2] 郑成思．版权法（上）［M］．北京：中国人民大学出版社，2009：120.

[3] 马忠法，陈潜．3D 打印中的“复制”与“合理使用”［J］．上海财经大学学报，2015（3）：97-104.

好地在著作权法框架下保护3D数字模型和3D打印物。不管是纯粹表达艺术美感的3D打印物，还是产品设计图、工程设计图的3D打印都是依据相对应的3D数字模型进行的打印，其中很多在工业生产领域相当普遍，会被大家认为是制造。但是，它更应该是一种复制，只是这种复制是一种广义的复制，是一种从平面到立体、从二维到三维的复制。如果将这一过程认定为复制，则能够使得3D数字模型和3D打印物都受到法律保护。而若要将其认定为制造的话，则需要基于专利权法才能有效地调整3D打印领域的法律关系。但是一个3D数字模型很难被认定为一项专利，只有蕴含一些技术方案的产品设计图类的3D数字模型可能会被认定为发明，其他类型如表达艺术美感的3D数字模型，几乎很难会被认定为专利。而且，即使这些3D数字模型可以被认定为专利，但是在实践中并不好操作，申请专利的成本太高、时间过长，没有著作权法领域的作品一经完成就自动获得著作权保护更加有效率。因此，界定3D数字模型到3D打印物的转化到底是复制还是制造，其关键是采取哪一种知识产权保护模式对其进行保护。笔者认为，按照3D打印的发展现状及其特点，采取著作权法保护模式更有利于3D打印技术的发展。综上所述，从3D数字模型到3D打印物的转换应是一种复制。

四、3D打印中数字模型的复制

3D打印是一种快速复制技术，它以数字模型文件为起点，通过3D打印机逐层打印的方式来构造一定的物质形体，将显示在电子设备上的3D数字模型转化为目标实体物。3D数字模型是 3D 打印的基础，任何 3D 打印行为的发生都以 3D 数字模型为前提。3D 打印数字模型的创作、传播、交易等涉及多方利益，其中复制是一种最为有效使用作品获得利益的行为和方法，也是 3D 打印技术最为核心的部分。

（一）复制的内涵与外延

每一次新技术的发展和进步都会对作品再现方式产生深远影响，带来复制方式的变革。20 世纪以来，新技术不断产生，一些发达国家提出了“扩大复制”的概念。[1] 3D 打印技术对作品复制权的内涵和外延也将产生深刻影响。3D 打印技术快速高效的复制特点，使得著作权人失去对 3D 打印数字模型作品在市场上的控制，导致其利益受到损失。特别是在网络环境中，数字技术的高速发展极大便利了作品的使用，甚至带来失控的局面，复制权的扩张打破了原有的均衡，侵蚀公共利益，因此有人主张利用技术措施和法律制度来保障作品市场价值的稳定。[2] 笔者认为，当前互联网技术的高速发展及 3D 打印技术的产生，并不是为了让复制权变成垄断权，这不是法律追求公平所想要的结果。因为任何一个权利的产生，都是在追求一个整体社会福祉的目标，要做到各方利益均衡分配，而不是仅仅保障著作权人单方面的利益。因此，在利益平衡的机制下，

---

[1] 马克 · 戴维生，王源扩 . 计算机网络通讯与美国版权法的新动向——评美国知识产权工作组 1995 年 9 月《最终报告》［J］. 环球法律评论，1996（1）：60-66.

[2] 冯晓青，付继存 . 著作权法中的复制权研究［J］. 法学家，2011（3）：99-112.

我们需要正确认识 3D 打印技术带来的新型复制方式，重新思考复制权的内涵和范围，正确界定出符合当前科学技术发展的复制概念与范围。

1. 复制的概念

我国《著作权法》第 10 条将复制权界定为“即以印刷、复印、拓印、录音、录像、翻录、翻拍等方式将作品制作一份或者多份的权利”，即复制是一些能够再现作品的技术和方式，这些方式可以让作品依附在不同的载体上，但是不管是依赖于技术装置的如印刷、录音、录像等的方式再现作品，还是抄写等手工的方式再现作品，都属于复制范畴。世界各国著作权法对复制的概念进行界定时侧重点各有不同。美国著作权法认为复制需要有固定性和感知性。法国认为复制是一种方法，这种方法能够将作品依附在某些载体之上，使之能够被公众认识、了解，起到一个广泛传播的作用，然后由传播获取利益。日本将按照建筑图纸建造建筑物单独立法，并将其规定为复制的一种形式。从这些国家的立法来看，复制的概念并没有宽泛化，有的国家甚至对复制的范围进行明确的限定。在《伯尔尼公约》中，对复制的表述是以任何方式和采取任何形式的复制，[1] 但没有规定复制的方式及形式范围。这样的规定有利于囊括新出现的复制技术带来的复制权的范围，能够很好地解决在法律滞后于社会发展时出现的新的复制方式和形式。这样高度概括而来的概念，并没有给出相应的范围，所以在具体司法实践中，可能无法提供一个具体的量化裁量标准，但《伯尼尔公约》关于复制的概括性表述给成员方留出

---

[1] 刘杨东．著作权法视域下复制行为的界定［J］．廊坊师范学院学报（社会科学版），2013（2）：79-82.

了很大的空间，使其可以根据本国或本地区的实际情况，在适应本国或本地区著作权法的基础上作出不同的、更加明晰的界定，使得复制变得更具操作性。

2. 复制的特征

关于复制的特征，各位学者虽然表达上存在差异，但是基本思想是一致的，如吴汉东教授将其归纳为：第一，作品内容的再现性；第二，作品表达形式的重复性；第三，作品复制行为的非创造性。[1] 陈传夫先生认为：第一，行为目的是制作与原作品相同的复制品；第二，复制品本身无创造性；第三，有特定的复制方式。[2] 在此笔者也将对复制的特征做一个简要分析。

首先，复制的第一个特征是作品以一种或者多种方式再现。例如一张摄影作品可以以打印成纸质版的方式再现与原摄影作品一模一样的内容及效果，也可以以一种电子版的形式复制再现摄影作品。由此可见，作品被复制，一定会以某种形式让人们感知到作品的存在，而且原作品与复制品之间是一种关联关系。有些原作经过复制之后以另一种形式再现，但是人们依然能够知道原作品与复制作品之间所呈现出来的差别。例如，某画家临摹一些著名画家的名作，临摹名作也是一种以临摹的方式再现原作品，人们知道原作只有一个，复制品却可以有很多。

其次，复制的第二个特征是非独创性。复制是对原作品的一种重复，这个过程中没有智力劳动的付出，与原作品相比体现不

---

[1] 吴汉东．著作权合理使用制度研究［M］．北京：中国人民大学出版社，1996：168-169.

[2] 陈传夫．信息高速公路知识产权问题探讨［J］．情报学报，1999（1）：63-68.

出创新。比如用数码相机创作的一个摄影作品，这个原作品以一种数字的方式存储在电子设备上，若有人将这个存在于电子设备里的摄影作品用彩色喷墨打印机打印出一张纸质版的照片，这时摄影作品的载体发生了变化，但是作品表达的内容和给人们的感知效果并没有差异，因此不具有创造性。独创性是作品获得著作权法保护的必要条件。一个作品能否受到著作权保护，关键看其是否具备独创性。

再次，复制的第三个特征是竞争性。复制件再现了原作品的表达形式，因此在相关市场中，原作品会被复制件所影响，并被抢占部分市场。虽然不管复制件的质量是否能够与原作品相较量，但使用复制件能够实现原作品的基本功能，会成为部分群体的选择。

最后，复制的第四个特征是复制件与原作品之间的沿承关系。认识这一特性非常重要，有利于人们解决异形复制问题。众所周知，从平面到立体的复制不具有功能替代性，例如，3D 打印数字模型的功能是以打印实物为目标的，是一个物品以 3D 打印技术打印出来的基础，但是 3D 打印物的功能主要体现在实用上。虽然这二者所具有的功能不能相互替代，但是它们之间具有沿承关系，若没有 3D 打印数字模型，就无法打印出 3D 打印物。因此，若不通过立法加以规制的话，新的复制技术会产生反激励的社会效应，将造成不好的社会氛围。于是，有些国家会针对新技术出现所带来的问题和影响进行专门立法加以规制，例如在日本就规定了根据设计图的施工属于复制，是从平面到立体的复制。

3. 复制的维度

上文论述了复制的概念和特征，但是要更充分地认识复制的内涵，还需要分析复制的维度。特别是新技术带来的复制形式的改变，对现行著作权法律制度提出了挑战。3D 打印技术提升了复制的效率，使复制变得更加便捷和高效，也使复制出现了两个维度：同形复制和异形复制。在这个互联互通的时代，人们不断提升对生活质量的要求，对艺术的追求越来越高，人们不再局限于同形复制，而对异形复制的需求越来越强烈。[1] 3D 打印技术的出现正好能够满足人们的此类需求，特别是在对造型艺术品的生产上，3D 打印技术展现了其极优越的复制方式，即一次性制造完成。在现有的著作权法框架下解决此类问题只能借助复制范围的适度扩张，将复制的维度从同形复制扩展至异形复制。3D 数字模型的载体是电子设备，只能在二维度上展示其表达，但这不是 3D 数字模型设计的最终目的，将 3D 数字模型转化为 3D 打印物才是 3D 数字模型的最终归宿。一旦成功转换成 3D 打印物，载体便发生变化，3D 打印数字模型的再现就发生了符号上的变化。学界对同形复制的意见能够达成一致，而对异形复制的态度并不相同。因此，对 3D 数字模型转化为 3D 打印物的过程是否属于复制一直存在争议，有的认为这不属于复制，有的认为 3D 打印物是 3D 打印数字模型的再现，属于异形复制。[2] 异形复制主要包括从平面到立体及从立体到平面的复制。

---

[1] 焦和平．“异体复制”的定性与复制权规定的完善——以我国《著作权法》第三次修改为契机［J］. 法律科学，2014（4）.

[2] 单晓光，袁博．3D 打印中的“异形复制”［J］. 科技与法律，2017（1）：13-19.

（二）3D 打印数字模型的复制行为分析

根据 3D 打印数字模型，通过 3D 打印机结合一定的打印材料，打印出数据模型的立体实物。这一由平面转化为立体的过程是否属于“复制”，我国著作权法并未作出明确规定，理论和实务领域也尚无统一意见。有的学者认为我国著作权法采用的是狭义的复制概念，即“复制”仅指从平面到平面的复制，不包括从平面到立体的复制。[1] 对此有学者提出反对意见，认为如果按照平面美术作品和建筑作品的平面设计图制造和建造与之相应的三维艺术作品和建筑作品的行为不是复制，那么我国对美术作品的保护力度将大大减弱，对建筑作品的保护将几乎成为一句空话。[2] 另有学者指出，3D 打印实际上是一种制造过程，将 3D 打印根据模型形成物品的行为笼统地称为“复制”是不确切的，它实际上是将著作权法中的“复制”与一般意义上的“制造”两个行为融为一体的活动。[3] 笔者认为，对于 3D 打印，不同的人会因为各自不同的需要采用不同的材料及机器打印，这确实存在一种难以把控的局面，毕竟每个人的需求不一样，想要表达的内容也会存在差异，可能打印出来的东西不是完全复原的再现，比如有的人会在打印阶段进行材料的变化及分割面的调整，这样就会出现与 3D 数字模型存在差异的 3D 打印物。根据 3D 数字模

---

[1] 胡康生．中华人民共和国著作权法释义［M］．北京：法律出版社 2002：46.

[2] 王迁．知识产权法教程［M］．北京：中国人民大学出版社，2016：128.

[3] 马忠法，陈潜．3D 打印中的“复制”与“合理使用”［J］．上海财经大学学报，2015（3）：97-104.

型打印物品的行为是一种很个性化的行为，不能一概而论。下面笔者将对几种较为普遍的 3D 打印数字模型进行逐一分析。

1. 纯粹表达艺术美感的 3D 打印数字模型

纯粹表达艺术美感的 3D 打印数字模型实质上是一种美术作品，打印这种类别的 3D 打印数字模型是一种复制行为。其实 3D 打印数字模型的设计不是为了模型本身的艺术美感，而是通过 3D 打印技术打印出一个实体的物品，用它进行表达并完整地再现 3D 打印数字模型，是从内容到表达的全部再现。在这个过程中并没有智力劳动的付出，即没有创造性。因此，打印纯粹表达艺术美感的 3D 打印数字模型是复制。

2. 兼具艺术性与功能性的 3D 打印数字模型

对于兼具艺术性与功能性的 3D 打印数字模型，其中针对功能性部分的打印不能被认定为复制，但是如果不能被认定为复制，又该如何对其进行保护或者认定才是最合适的？另外，一个兼具艺术性及功能性的 3D 打印数字模型一旦被打印出 3D 打印物，那么也一定对其中的艺术性进行了复制。这种将艺术性与功能性融为一体的 3D 打印数字模型在打印出来后，著作权人对非法复制进行权利主张时是较难找到法律依据的，除非这种兼具功能性和艺术性的作品属于著作权法明确规定的作品范围，才能从复制这一个角度进行权利主张。

3. 产品设计图类 3D 打印数字模型

3D 打印技术涉及的领域非常广泛，而且未来的应用范围会更广，特别是在智能制造方面将发挥非常重大的作用。在我国，3D 打印主要集中在家电及电子消费品、建筑、教育、模具检测、医疗及牙科正畸、文化创意及文物修复、汽车及其他交通工具、航空航天等领域。针对这些产品的设计生产，3D 打印数字模型的设计是最重要的一个步骤。因此，需要对产品设计图类 3D 打印数字模型进行必要的保护。打印产品设计图类 3D 数字模型在著作权保护问题上主要体现在复制权上。产品设计图是我国著作权法确定保护的作品类型，但是著作权法所保护的是产品设计图本身，不保护其所涵盖的思想。有学者认为，通过 3D 打印的方式根据产品设计图制造产品的行为属于平面到立体的异形复制，应该纳入著作权的保护范围。❶ 对此观点，有学者认为还需商榷。黄玉烨教授认为使用 3D 打印机"打印"产品设计图类 3D 数字模型应当是一种制造行为而非复制行为，未经许可擅自打印的行为不会侵犯著作权人的著作权，但有可能会落入专利权的调整范围。❷ 这些争论实质涉及的问题关键是：到底采取哪一种知识产权保护模式对 3D 打印数字模型进行保护更合适。笔者认为，从我国 3D 打印技术的发展现状及其特点来看，采取著作权保护模式更有利于 3D 打印技术及其产业的发展，因此应该承认"异形复制"，并将其纳入著作权法的保护范围。

（三）3D 数字模型的复制权保护

复制权所带来的经济利益可能会因 3D 打印技术的"一次性"复制成功的特点受到影响，有可能会导致著作权人财产权利益受到压缩，复制权成为 3D 打印数字模型著作权人获取经济

---

❶ 刘强，欧阳旸．产品设计图著作权保护研究——以 3D 打印为视角［J］．重庆理工大学学报（社会科学版），2014（7）：63-70.

❷ 黄玉烨，张惠瑶．3D 数字模型的复制权保护探析［J］．中南大学学报（社会科学版），2015（5）：45-50.

利益的一个重要的方式方法。[1] 3D 打印技术本身是一种先进的复制技术，现阶段有独立创作的 3D 打印数字模型，但多渠道获取而来的 3D 打印数字模型有的是对现存物品的一种再现，有的是对已经存在的 3D 打印数字模型进行利用，这些行为都可能导致大范围侵犯复制权。用户，即使用 3D 打印机及 3D 扫描仪设备以复制的方式使用 3D 打印数字模型的人，这一群体直接使用 3D 打印机及 3D 扫描仪设备进行 3D 打印或者扫描获取 3D 打印数字模型再进行打印，若打印 3D 数字模型或者扫描获取 3D 打印数字模型的目标物是一个受著作权保护的物品，那么，用户在使用这些 3D 打印数字模型时就有义务不得侵犯该目标物的著作权特别是复制权。因此，这一群体成为 3D 打印数字模型著作权法律关系中直接的义务主体。整个 3D 打印的过程是将 3D 打印数字模型输入计算机，然后 3D 打印机将 3D 打印数字模型进行处理后输出的过程。因此，只有在确保 3D 打印数据模型的获得渠道是合法的时候，才能做到打印出的 3D 打印物不会侵犯 3D 打印数字模型的著作权。然而，在现实生活中，特别是在互联网环境下，3D 打印数字模型下载的便捷性及 3D 扫描仪获取 3D 打印数字模型的快速性可能会加大 3D 打印机及 3D 扫描仪用户面临的法律风险。这样会使得 3D 打印机及 3D 扫描仪用户非常容易陷入法律纠纷。特别是随着 3D 打印技术的突飞猛进及个人 3D 打印设备（如桌面 3D 打印机）的普及，再加上设计 3D 打印数字模型的软件越来越简化方便使用，越来越多的人将实现自行打印个人所需要的物品，3D 打印机及 3D 扫描仪用户这一群体的

---

[1] 瞿昊晖．论 3D 打印产品设计图作品的使用者利益——以美国判例为启示［J］．中南大学学报（社会科学版），2015（5）：65-71.

范围将会扩大，不再局限于公司用户或者团体用户，个人用户的范围扩大更值得大家关注。

3D 打印数字模型网络共享服务平台是一种在互联网传播 3D 打印数字模型的网络服务提供商，例如国内的 I3D One 就是一个传播 3D 打印数字模型的网络共享平台。在这些网络平台上，人们可以通过注册网络平台会员，上传或者下载 3D 打印数字模型，还同时有“社区”栏目进行关于 3D 打印数字模型的讨论和分享。互联网共享平台不单是一个大众耳熟能详的名词，各种网络共享平台已经走进我们的日常生活，近几年更是作为一类新的被告群体出现在法庭上。在著作权法律纠纷中，网络平台服务提供者因为没有履行相应的法律义务而承担侵权责任的案例屡见不鲜。根据共同侵权的一般规则，只有网络服务提供商存在过错，即知道或者应该知道该用户的上传或者下载行为侵权时，才承担教唆或者帮助侵权责任。用户利用网络共享服务平台上传或者下载 3D 打印数字模型侵犯著作权时，网络共享服务平台的提供商如果为该用户提供帮助或诱使其从事上述行为，则构成间接侵权。目前在 Thingiverse、Shapeways、I3D One 等这些大型的网络共享服务平台，3D 打印数字模型能够被任意地上传及下载，因此很容易出现 3D 打印数字模型的不法传播，造成 3D 打印数字模型著作权人的合法权益受到侵害，必须引起大家的高度重视。

五、3D 打印与著作权合理使用制度

合理使用是指在利用有版权的作品时，既不需要取得著作权

人的同意，一般也不需要支付报酬，而且不构成侵权。[1] 学术界对著作权合理使用的性质有三种学说，即“权利限制说”“侵权阻却说”和“使用者权利说”，前两种是从不同方面对合理使用法律属性的认定，与“使用者权利说”截然相反。[2] 笔者赞同吴汉东教授和王迁教授的观点[3]，认为合理使用是对著作权人享有的专有权利的限制。世界上大部分国家的法律都规定了对著作权的限制和例外制度，但大陆法系国家和英美法系国家的立法体例不尽相同。

《美国版权法》第107条将未经著作权人许可，也不需要向其支付报酬的使用他人作品的行为定义为“合理使用”（fair use），并且在总结大量判例后规定了判断是否构成合理使用需要考虑的四种因素，即所谓的“四要素标准”，这给予了法官自由裁量权以进行个案判断。“四要素标准”主要包含：（1）使用的目的和特点；（2）被使用的作品的类型；（3）被使用部分的数量及占整个作品的比例；（4）使用行为对作品潜在市场或价值的影响。除了合理使用，美国版权法还规定了“法定许可”（statutory license），即使用他人作品无须经过著作权人的许可，但要向其支付一定的报酬。

大陆法系国家关于著作权限制的规定与美国差异较大，其著作权法没有制定专门的条款以区分合理使用和法定许可，而是将所有无须经过著作权人同意而使用作品的行为都纳入“著作权

---

[1] 郑成思．知识产权法通论［M］．北京：法律出版社，1998：124.

[2] 吴汉东．著作权合理使用制度研究［M］．北京：中国政法大学出版社，2005：133.

[3] 王迁．著作权法［M］．北京：中国人民大学出版社，2017：319.

的限制和例外”条款，只是在其中规定某些使用行为即便无须取得权利人的事先同意，也应当向其支付报酬。与美国的版权法制定一般的判断原则不同，大陆法系国家在法律条文中具体地一一列举出各种例外情形。我国著作权法的立法模式接近于大陆法系国家，因此关于著作权的限制的规定也采用的是严格的封闭性条款，我国《著作权法》第 22 条和《信息网络传播条例》第 6 条分别列举了 12 种和 8 种在数字环境下可构成合理使用的情形，《著作权法实施条例》第 21 条又对合理使用进行了细化规定。

在我国已经加入的 1971 年《伯尔尼公约》第 9 条规定：“本同盟成员方法律得允许在某些特殊情况下复制上述作品，只要这种复制不损害作品的正常使用也不致无故侵害作者的合法利益”。之后的 TRIPS 协议和《世界知识产权组织版权条约》(WCT) 等国际条约中也逐渐确定了“三步检验法”的标准：(1) 要在特定、特殊情形下；(2) 不得影响该作品的正常使用；(3) 不得不合理地损害著作权人的合法权益。多数学者认为我国是通过《著作权法实施条例》第 21 条将“三步检验法”转化为国内的法律适用依据。在 2014 年 6 月 6 日，国务院法制办公室公布的《中华人民共和国著作权法（修订草案送审稿）》中进一步完善了对“三步检验法”的规定，在原本规定合理使用条款的基础上增加“其他情形”这一开放性条款，从中可以看出我国著作权法对合理使用的认定由原来的封闭式认定转向开放式认定的趋势。

我国法律制度中关于“合理使用”这一设计使得有些学者开始担心，随着 3D 打印技术的发展与进步，3D 打印机越来越多地走进家庭，受著作权法保护的作品会被大量地打印出来。我国现行著作权法对合理使用他人已发表的作品是否受到数量上的限制并没有做出规定。如果3D打印机的普及率发展到如当今个人计算机一样的话，必定会影响很多企业的生产，可能会导致一些企业纷纷倒闭。若每个家庭都用3D打印机自己打印鞋子，那么生产鞋子的厂家又该如何生存？但是，从促进3D产业发展以及现阶段著作权法的立法与实践来看，立法者出于公共政策的考虑，在刻意放松对私人复制的控制。[1] 虽然如此，对3D打印产业来说，若要更好地促进它健康规范发展，还是需要建立一套符合这个产业特点并且满足科技发展与社会需要的法律制度，3D打印未来很有可能会像计算机一样走进每一个家庭。针对这种状况，法律需要在私人利益与公共利益之间寻找平衡点，需要对“合理使用”的规定做出适当的调整。

六、3D 打印中存在的著作权侵权风险

3D打印很容易引发一些著作权方面的侵权风险。这主要体现在两个方面：一是关于3D数字模型的侵权风险；二是在3D打印物环节发生的侵权风险。

1. 3D数字模型产生的著作权侵权风险

虽然3D数字模型产生的方式有多种，然而通过3D扫描仪扫描物体获得的3D数字模型其实是一种复制。若扫描人没有获得权利人的许可，对3D数字模型进行销售、传播，则会涉嫌侵

---

[1] 崔国斌．著作权法：原理与案例［M］．北京：北京大学出版社，2014：582.

犯一系列的知识产权。[1] 如果扫描的物体是一个享有著作权保护的作品，如艺术品，则会侵犯他人的著作权。因而，扫描人通过扫描享有一系列知识产权的物品而获得的 3D 数字模型，不仅不能成为该 3D 数字模型的权利人，还要承担相应的侵权责任。

在互联互通的时代，人们可以在互联网上很容易地下载到 3D 数字模型，可以把互联网上的 3D 数字模型下载后直接使用或者进行一定的修改后再使用。人们从网络上下载的 3D 数字模型，如果属于前文所述的受著作权保护的作品，又不属于合理使用的范畴，擅自下载并修改就会侵犯作者享有的署名权、保护作品完整权、修改权和信息网络传播权等一系列权利。

2. 3D 打印物环节的著作权侵权风险

3D 数字模型若没有排除可能存在的侵权风险，使用可能存在侵权风险的 3D 数字模型进行打印并产生一个 3D 打印物，那么这个 3D 打印物也可能会引发一些侵权风险。

从 3D 数字模型到 3D 打印物的过程是一个复制的过程。很多 3D 数字模型的最终价值在于 3D 打印物。若使用非法方式产生的 3D 数字模型进行打印，必然会侵犯相关权利人的著作权。在保证 3D 数字模型来源合法的前提下，如果超出 3D 数字模型权利人所要求的使用条件进行打印，也会侵犯著作权人的权利。例如，有的 3D 数字模型的创作者设计了一些文化创意类的 3D 数字模型，为了防止一些人进行大规模的打印进而进行销售，这样就会对这些 3D 数字模型的使用条件进行限制，如在数量及个人研究欣赏等目的上的条件设置。若打印者超出创作者所规定的

---

[1] 姚强，王丽平．“万能制造机”背后的思考——知识产权法视野下 3D 打印技术的风险分析与对策［J］．科技与法律，2013（2）．

要求打印，就会侵犯作者的著作权。

七、3D 打印数字模型的著作权保护策略

3D 打印被英国《经济学人》杂志称为“将带来第三次工业革命”的数字化制造技术。[1] 当这种技术得到广泛的运用时，每个人都可能是一个设计师、生产者。如果不能紧跟 3D 打印产业的发展适时调整现有的知识产权规则的话，人们可从中受益，但也可能深受其害。因此，面对 3D 打印技术的发展，我们需要主动地去应对它给现有的知识产权制度提出的挑战，采取一些必要的措施来防范 3D 打印中的著作权侵权风险，但是也要考虑到 3D 打印技术的现行发展阶段，采取的措施要保证公众能够适当地接触到 3D 数字模型并且逐步了解 3D 打印技术，进而促进 3D 打印产业的健康发展。3D 打印过程都是从 3D 数字模型开始，可以说谁控制了 3D 数字模型，谁就控制了 3D 打印。因此，笔者认为，我国对 3D 打印的著作权保护应从保护 3D 数字模型开始。

1. 延展复制权的内涵

法律必须及时更新，以适应科技与时代发展的需要。3D 打印技术的发展对我国著作权法的修改带来挑战。它打破了原有的作者与使用者之间利益的平衡。狭义的复制权内涵已经不能适应 3D 打印这样的新技术的发展。我国著作权法在没有进行新的修改之前，唯一的保护策略就是扩展复制权的内涵，承认异形复制

---

[1] Special Report：Manufacturing and Innovation：A Third Industrial Revolution [J]. Economist, 2012 (4)：3.

为新的复制方式，让 3D 数字模型到 3D 打印物的转变在法律范畴内可以被认定是复制的过程，给予著作权人 3D 数字模型到 3D 打印物的复制权保护。这样既能够有效地控制 3D 数字模型的非法复制问题，也能够在 3D 数字模型发生著作权纠纷时可以由现行法律指导司法裁判。但是，同时需要注意，在利益平衡的原则之下保障公众适当地接触新技术，可以对个人利用 3D 数字模型的私人复制进行合理使用的制度安排，以平衡 3D 数字模型著作权人与公众之间的利益分配。

2. 确立合理使用的判定标准

国际上很多国家和地区都在对合理使用的判定标准进行研究探索，特别是我们现在处于科技发展迅速的时代，更需要吸取国际上的有益经验，确立出一套适合我国国情的合理使用的判定标准。笔者认为，即使大家现在还没有思考出合适的办法对《著作权法》进行修改，但是可以在我国现有的合理使用的规则之下进行一些司法解释层面的适当限制。例如，在复制行为上，进行一定数量的限定来保护 3D 数字模型的著作权人的合法权益，可能会比较好地平衡著作权人与公众之间的利益，既能让每一个公众有机会接近 3D 数字模型这样的新事物，又能够使 3D 数字模型在网络时代的失控局面得到一定程度的缓解，更好地保障著作权人的利益。

3. 用“通知-移除”规则约束 3D 数字模型在网络上的传播

移动互联网时代，网络技术的发展使得 3D 数字模型的传播更加便利快捷，网络侵权的现象层出不穷。3D 数字模型在互联网上的传播一方面会带来诸多侵权风险，但另一方面能够让更多的人接触到 3D 打印数字模型。为从根本上保障 3D 数字模型在网络上的合法传播，可以用“通知-移除”规则来要求网络服务商承担其协助权利人主张权利的义务。但是，在适用“通知-移除”规则时，应当充分考虑到网络著作权侵权判断的复杂性以及网络分享平台、著作权人、3D 数字模型用户之间的利益平衡，既要防止滥用“通知-移除”规则，又要使之充分发挥及时维权、预防诉讼、化解纠纷的著作权保护功能，及时有效地维护著作权人的合法利益，从而限制 3D 数字模型在互联网上的非法传播。

4. 通过专项技术保护 3D 数字模型

技术措施是当代网络社会的产物，通过一定的技术障碍阻止一些非法的使用，在一定程度上可以抑制一些侵权行为的出现，但是同时要清楚认识到，技术措施的实现也可能会超越一些合理使用的范围。因此，国家鼓励发明新技术来限制用户打印用作个人用途的物品时，需要制定出一个适合 3D 打印技术的专项技术来支持著作权人的合法维权。只有当用户要打印的物品符合相关规定时，才能够顺利地进行打印。在现实生活中，即使有了这样的技术可以阻止 3D 数字模型的非法复制等问题，考虑到当前我国 3D 打印技术的发展现状，这个技术的施行面可能并不会很大，可能也只有比较大的公司才有资金去购买这类技术，而一些小公司或者个人可能不会购买这类专门技术来控制 3D 数字模型的复制。目前，由于我国还没有大规模实施这类控制 3D 数字模型被复制的技术，技术措施也会存在一些不合理性，因而并不能预估其真正的效果。依目前我国 3D 打印发展情况，国家可以鼓励权利人去创新发明一些技术措施，进行有益的尝试和探索。

八、结束语

3D 打印技术在不断地向前发展，给人们的生活带来福音，让人们对这个时代充满无限想象。如果坚信 3D 打印拥有广阔的前景，未来需要更多满足需求的 3D 打印技术与产品，那么就需要投入力量来解决 3D 打印发展过程中日益凸显的法律问题，特别是与知识产权有关的法律问题。3D 打印技术的快速发展所带来的巨大变革对著作权法律制度提出了挑战，它打破了原有的作者与使用者之间利益的平衡。著作权法制度的建立是为了激励人们创作出作品，同时保证创作出来的作品能够得以传播。这种对创作与传播的激励可以从经济学理论中得到解释。因为创作作品能够使得作者收获经济利益，在经济利益的驱动下，可以激励作者创作更多的新作品、传播者去传播作品。[1] 从 3D 打印产业的发展现状来看，需要更多的作品来满足社会的需要。3D 打印数字模型的创作和传播是促进 3D 打印产业健康良性发展的一个重要的前提条件。只有激励更多的创作者创作出 3D 打印数字模型，公众才能够有机会接触到 3D 打印产品这一新鲜事物，这就需要对创作者创作出的 3D 打印数字模型给予充分的法律保护，激励创作者创作出更多的 3D 打印数字模型来满足公众的需要。

3D 打印数字模型如果能够给著作权人带来巨大的利益，就会使其更有动力去创作更多的新的 3D 打印数字模型。当然，著

---

[1] 冯晓青．著作权合理使用制度之正当性研究［J］．现代法学，2009（4）：29-41.

作权不仅是一种为作者带来利益的垄断权，也必须考虑和保障使用者的利益，应该在利益平衡理论指导下，既保障公众能够有机会接近 3D 打印数字模型这样的新生事物，又使得 3D 打印数字模型著作权人的合法权益不受侵犯。著作权法应当在创作了创造性作品的个人与需要获得作者智慧成果的公众之间保持平衡。对作者权益的保障和确保公众对作品的适当接近，构成著作权法中利益平衡机制的内核，避免冲突的办法就在于如何使得二者的利益各得其所。对 3D 打印的著作权保护不能因噎废食，在著作权人的权益和使用者权利之间实现平衡，是著作权法的长期目标，也是指导著作权法修改与完善的重要原则。正如吴汉东教授所言"知识产权的法律之光，当为保护私人知识财产的智慧之光，更是维护社会知识进步的理性之光"。[1] 只有这样，在未来，3D 打印技术才会更好地服务于人们的生活。

[1] 吴汉东．知识产权的制度风险与法律控制［J］. 法学研究，2012（4）.

第三章　体育赛事节目著作权问题研究

一、问题的提出

随着体育产业的持续快速发展及其对我国经济的贡献越来越大，体育产业逐步进入发展黄金期的同时，面临“盗播”的危害，有不少“成长的烦恼”。如何保障体育产业健康有序发展，使其成为国民经济支柱性产业，是当前我国体育事业改革和可持续发展的关键问题。作为体育产业重要无形资产的体育赛事直播许可是决定体育赛事的传播范围和影响力的关键，体育赛事直播引发的著作权纠纷受到社会各界的广泛关注，成为理论界和实务界备受关注的热点和焦点话题。虽然近年来很多关于知识产权的会议、论坛都把体育赛事节目的著作权保护作为重要主题进行专门研讨，检索中国知网也会发现有很多专门论述此类问题的知识产权法学术论文，但是知识产权法学界对于体育赛事节目的性质和法律地位等基本问题都没有达成一致，更别提体育赛事节目的保护模式和路径选择了。立法的缺失、对法律条文的不同解释和体育赛事节目性质及法律地位的纷争，使得各级法院对于涉及体育赛事节目的知识产权纠纷案件出现“同案不同判”的现象。

有的法院将体育赛事节目认定为录音录像制品，通过信息网络传播权对其予以调整；[1] 有的法院虽将体育赛事节目定性为录像制品，但是认为通过信息网络传播权无法对其予以调整，而是需要运用反不正当竞争法对体育赛事节目进行保护，如央视国际网络有限公司诉华夏城视网络电视股份有限公司侵犯著作权及不正当竞争纠纷案中，深圳市福田区人民法院审理后认为被告华夏城视网络电视股份有限公司擅自提供涉案体育赛事网络直播的行为构成不正当竞争；[2] 央视国际网络有限公司诉北京暴风科技股份有限公司侵害录音录像制作者权纠纷案中，一审、二审法院均认定涉案体育赛事节目为录像制品。[3] 很少有法院会将体育赛事节目定性为作品，[4] 或许是因为从我国现行著作权法的相关规定来

---

[1] 央视国际网络有限公司诉世纪龙信息网络有限责任公司侵犯著作权纠纷案中，广州市中级人民法院审理后认为被告世纪龙信息网络有限责任公司未经许可通过其网站实时转播涉案“德巴女足比赛”节目的行为，构成对原告央视国际网络有限公司作为录音录像制作者的信息网络传播权的侵害。详见广东省广州市中级人民法院（2010）穗中法民三初字第196号民事判决书。

[2] 参见广东省深圳市福田区人民法院（2015）深福法知民初字第174号民事判决书。

[3] 参见北京市石景山区人民法院民事判决书（2015）石民（知）初字第752号、北京知识产权法院民事判决书（2015）京知民终字第1055号。

[4] 北京新浪互联信息服务有限公司诉北京天盈九州网络技术有限公司著作权侵权及不正当竞争纠纷案，一审法院认定涉案体育赛事节目为作品，二审法院的终审判决完全推翻了一审法院的判决观点，至本书截稿时该案仍在北京高级人民法院再审过程中。参见北京市朝阳区人民法院（2014）朝民（知）初字第40334号民事判决书、北京知识产权法院（2015）京知民终字第1818号民事判决书。

看，似乎存在法律障碍和一定风险。有全国人大代表多次建议要求加强体育赛事节目的法律保护，指出屡禁不止的盗链盗播等侵权行为严重影响了体育产业的健康有序发展，“希望通过法律体系的建立和完善，尽快厘清体育直播的法律性质和权利边界，统一司法尺度和裁判标准，加大惩罚力度，有效促进体育产业的长远发展”。[1] 产业界强烈呼吁将体育赛事节目纳入作品保护的声音也日益高涨，以“近乎偏执的态度进行着作品性质定义的争取”。[2]

由此可见，体育赛事节目的作品性质判定问题不单单是学者争议的理论热点和焦点话题，它还关系到我国体育和传播产业的重大利益，因此关于本课题的研究具有非常重要的理论意义和实践价值。

二、基本概念的澄清

分析体育赛事节目性质，探讨其是否受著作权保护的前提和首要工作是澄清体育赛事、体育赛事节目、体育赛事直播画面等基本概念，以避免各说各话的纷争。

---

[1] 孙迪．建立体育赛事直播权利法律保护——访全国人大代表、苏宁控股集团董事长张近东［EB/OL］.（2018-03-07）［2019-12-26］. http：//www.sipo.gov.cn/ztzl/2018qglk/lkzf/1120539.htm.

[2] 郭晨辉．关于体育赛事转播权保护的产业思考（下辑）［EB/OL］.（2019-08-09）［2019-12-26］. http：//www.sohu.com/a/332743778_503725.

1. 体育赛事

体育赛事和体育赛事节目是两个不同概念，必须予以明确区分。体育赛事，即竞技体育比赛活动，如世界杯、奥运会、中超足球联赛、美国职业篮球联赛（NBA）等，是运动员或运动队之间在裁判员的主持下，按照统一的裁判规则进行的实时竞技比赛活动。它是客观发生的，并没有预先设计的比赛动作、经过和结果，因此具有唯一性和不可复制性，不属于文学、艺术和科学领域内具有独创性并能以某种有形形式复制的智力成果，不是著作权法保护的作品。[1]

2. 体育赛事节目

体育赛事节目是通过拍摄机位的设置、摄像镜头的选择、主持人解说、字幕、回放镜头或特写、采访、编导的参与等方面，对体育赛事活动进行制作加工后的一种客观记录之上的表达和呈现。体育赛事节目传输信号是通过电子手段生成且加载了赛事节目而构成的载体。体育赛事、体育赛事节目和节目传输信号三者之间的关系如图 3-1 所示。[2] 由此可见，体育赛事和体育赛事节目的构成、表现形式及参与主体都不相同，不可将这两个概念混淆。虽然体育赛事不能构成著作权保护的客体，但这并不影响体育赛事节目的作品属性认定。

3. 体育赛事直播画面

体育赛事直播画面，是指体育赛事组织方、电视台、其他机

---

[1] 祝建军．体育赛事节目的性质及保护方法［J］．知识产权，2015（11）：31.

[2] 图 3-1 根据严波《现场直播节目版权问题研究》第 182 页相关内容整理得出。参见：严波．现场直播节目版权问题研究［M］．北京：法律出版社，2016：182.

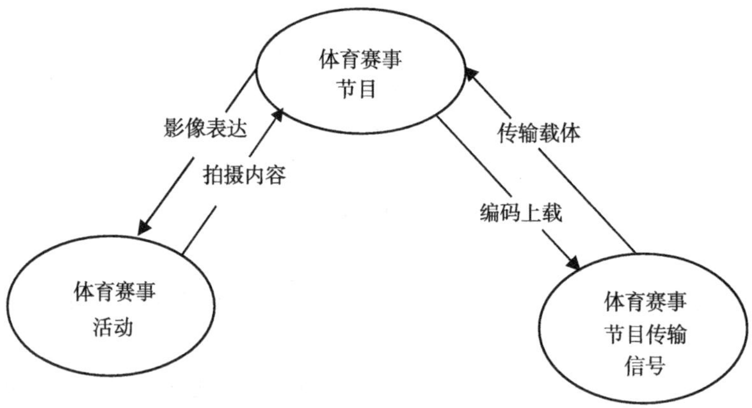

图 3-1 体育赛事活动与体育赛事节目、节目传输信号的关系

构或个人拍摄的并由导播实时编辑加工而成的记录体育比赛或活动过程的影音画面。❶ 体育赛事直播画面和体育赛事直播节目是联系紧密但又有区别的两个概念。体育赛事节目比体育赛事直播画面在内容上更加丰富和饱满。体育赛事直播画面是构成体育赛事直播节目的一个最基本也是最重要的要素。❷ 有学者认为，每一个相对独立的体育赛事直播画面在一般情况下并不能成为著作权法保护的作品。❸

---

❶ 崔国斌．体育赛事直播画面的独创性标准选择［J］．苏州大学学报（法学版），2019（4）．

❷ 袁秀挺，方帅．体育赛事直播的著作权保护述评［J］．私法，2017（1）：338．

❸ 丛立先．体育赛事直播节目的版权属性及其内容［EB/OL］．（2018-05-25）［2019-12-31］．https：//www.sohu.com/a/232968024_221481．

三、体育赛事直播画面的作品属性问题

关于体育赛事直播画面的作品属性问题在我国引发了一场持续而广泛的争议，[1]这里所说的体育赛事直播画面指的是体育赛事直播节目中的连续画面，即体育赛事直播节目中公用信号[2]所承载的连续画面。体育赛事直播画面是否属于著作权保护的客体？根据我国著作权法的相关规定，回答这个问题的关键是要看它是否属于文学、艺术和科学领域内具有独创性并能以某种有形形式复制的智力成果。从目前纷争各方的观点来看，在体育赛事直播画面可归属于文学、艺术和科学领域内的智力成果的这一点上是没有什么争议的。在当今的技术条件下，体育赛事直播节目都是对节目稳定录制在录像带或硬盘上的同时进行播出的，[3]符合“以某种有形形式复制”的条件。因此，判断体育赛事直播画面是否具有独创性是其能否构成作品的关键所在。我国《著作权法》及《著作权法实施条例》并没有对如何判断“独创性”作出明文规定。2018 年 4 月 20 日发布的《北京市高级人民法院

[1] 王迁．论体育赛事现场直播画面的著作权保护——兼评“凤凰网赛事转播案”［J］．法律科学（西北政法大学学报），2016（1）；刘家瑞．论体育节目的国际版权保护［J］．知识产权，2017（8）．

[2] 公用信号是直播行业的通用术语，是由专业的直播团队按照组委会统一的理念及制作标准制作而成，参见北京知识产权法院民事判决书（2015）京知民终字第 1818 号。

[3] 严波．论体育直播节目作品性质判定的两难之境与解题关键［J］．苏州大学学报（法学版），2019（4）．

侵害著作权案件审理指南》在第二章“权利客体的审查”中规定，认定独创性，应当考虑如下因素：（1）是否由作者独立创作完成；（2）对表达的安排是否体现了作者的选择、判断。目前来看，纷争各方在“独立创作完成”这一点上没有什么可争议的。至于拍摄素材及画面的选择与编排，虽然按照公用信号制作手册如实反映比赛进程及现场情况是赛事组织者对直播团队的根本要求，使得直播团队受到一定程度的限制，但其对表达的安排仍可体现出自己的选择和判断。目前我国理论界和实务界基本上都认可体育赛事节目具有一定程度的独创性，只是对于其是否达到电影作品独创性的要求方面有所争论。究竟是以“独创性”的高低，还是有无独创性来判断体育赛事直播画面的作品属性？主张体育赛事直播画面不能构成作品的专家学者认为，既然我国著作权法秉承大陆法系的传统，分别规定了电影作品和录像制品。电影作品当然要具有较高独创性，那么以此为前提进行法律推理，则体育赛事直播画面未达到电影作品所要求的独创性高度，故不是著作权保护的客体。反对意见则认为体育赛事直播画面只要满足了普通作品的最低限度的独创性要求即可。根据我国《著作权法实施条例》第 4 条和第 5 条的规定，“电影作品和以类似摄制电影的方法创作的作品，是指摄制在一定介质上，由一系列有伴音或者无伴音的画面组成，并且借助适当装置放映或者以其他方式传播的作品。”而录像制品“是指电影作品和以类似摄制电影的方法创作的作品以外的任何有伴音或者无伴音的连续相关形象、图像的录制品”。从这两条的规定来看，我国著作权法只是要求电影作品是“一系列有伴音或者无伴音的画面”，并没有规定独创性的高度。广东省高级人民法院《关于审理侵害影视和音乐作品著作权纠纷案件若干问题的办案指引》（2012）

关于电影作品的“独创性”要求较高，一般具有电影制片者与电影导演鲜明的个性化的创作特征；在摄制技术上以分镜头剧本为蓝本，采用蒙太奇等剪辑手法；由演员、剧本、摄影、剪辑、服装设计、配乐、插曲、灯光、化妆、美工等多部门合作；投资额较大，等等。这一规定只是地方法院的办案指引，无法推知我国《著作权法》及其实施条例的立法者在当初立法时是否倾向于“电影作品具有较高独创性”的本意。我国著作权法虽然继承了大陆法作者权体系的衣钵，但同时吸纳了英美法系实用主义的做法。若是将录像制品与另外两类邻接权客体——版式设计和广播节目信号进行对比，可以发现后者甚至并不具备作品意义上的最低限度的创造性。这是否意味着录像制品也一样可以完全没有任何创造性呢？由此是否可以得出“独创性的有无”才是区分电影作品和录像制品的标准呢？从比较法的视域来考察，英美法系在设定作品受保护的条件时，对独创性的标准要求较低，将体育赛事直播画面作为作品提供保护。《德国著作权法》区分“电影作品和以类似摄制电影的方法创作的作品”与“活动画面”，德国法学界通说认为体育赛事直播画面不能构成电影作品，只能以其第95条规定的“活动画面”予以保护。但同是大陆法系的日本在对于体育赛事直播画面作品属性的认定时，更愿意将其视为作品。[1] 虽然日本著作权法也对狭义著作权和著作邻接权进行区分，但是日本著作权法仅规定了录音制品作为“唱片制作人”的邻接权客体，并没有将录像制品纳入邻接权的保护对象。我国知识产权法学界的有些学者和部分法官喜欢在论文

[1] 袁秀挺，方帅．体育赛事直播的著作权保护述评［J］. 私法，2017（1）：344.

或者判决书的分析论证中以外国法，尤其是德国著作权法的理论与实践来解释中国的具体法律条文。如果外国法源自一个与本国在文化、社会或法律背景等方面有重大差异的国家，中国和外国的个案事实、社会背景和公共政策又不相同，那么其在解释国内法类似条款时的说服力其实非常有限，法院在参考外国法或外国权威意见时，应该更加谨慎。[1]

四、体育赛事节目的保护模式与路径

体育赛事直播画面的作品属性认定问题会影响到体育赛事节目的保护模式和路径选择。我国知识产权法学者对此问题进行探讨时焦点多集中于作品的保护模式和邻接权保护模式两种。

（一）狭义著作权保护模式

我国产业界强烈呼吁将体育赛事节目纳入狭义著作权保护，即作品的保护模式，从权利人的角度来看，这确实是最好的选择。《北京市高级人民法院侵害著作权案件审理指南》在第二章“权利客体的审查”中也明确规定“体育赛事节目视频符合以类似摄制电影的方法创作的作品构成要件的，受著作权法保护”。虽然著作财产权中的信息网络传播权和广播权都不能涵盖互联网

---

[1] 崔国斌．体育赛事直播画面的独创性标准选择［J］．苏州大学学报（法学版），2019（4）．

环境下的网络实时转播行为,[1] 无法规制网络实时盗播行为，但是可以用《著作权法》第 10 条第 17 项的“应当由著作权人享有的其他权利”这一兜底条款来规制网络实时转播行为，保护著作权人的合法权益，这也有助于我国体育产业的健康有序发展。

既然我国现行著作权法并没有对作品构成要件的独创性做出明确的高度要求，法院也没有必要为电影作品设置较高的独创性标准，况且何为“较高”，在我国现行著作权法中也无法量化。在审理涉及体育赛事直播画面作品属性认定的著作权纠纷案件中，若涉案体育赛事节目符合以类似摄制电影的方法创作的作品构成要件的，完全可以受到著作权法的保护，这并不存在法律障碍和风险。体育赛事直播画面能否构成作品的标准是独创性的有无，而非独创性的高低。在央视国际诉上海聚力传媒公司著作权纠纷案中，上海浦东新区人民法院经审理认为，涉案体育赛事节目作为经过素材选择、机位设置、画面的剪辑、编排等步骤，并融入回放、特效等因素，属于文学艺术领域的“独创性表达”，

[1] 我国《著作权法》第 10 条第 1 款规定的信息网络传播权是指“以有线或者无线方式向公众提供作品，使公众可以在其个人选定的时间和地点获得作品的权利”，即控制的是交互式传播行为。而广播权“即以无线方式公开广播或者传播作品，以有线传播或者转播的方式向公众传播广播的作品，以及通过扩音器或者其他传送符号、声音、图像的类似工具向公众传播广播的作品的权利”。这一条款直接来源于《伯尔尼公约》中“广播和相关权”的规定，在《伯尔尼公约》订立时根本不可能预料到会出现如今危害互联网发展的网络实时盗播行为。

且具有可复制性，可以作为类电影作品加以保护。[1]

（二）邻接权保护模式

若是将体育赛事节目定性为“录像制品”，根据我国著作权法的规定，录像制品制作者对其制作的录像制品仅享有许可他人复制、发行、出租、通过信息网络向公众传播并获得报酬的权利，这一邻接权的保护范围明显要比作品的著作财产权范围狭窄，还无法对网络同步转播等危害较大的侵权行为进行规制。除了欧盟指令等特例之外，目前也没有其他涉及录像制品的国际公约，这会使得我国的体育赛事节目无法通过国际法在其他国家得到保护。

另外一种邻接权保护模式是通过广播组织权对体育赛事节目进行保护。广播组织权的客体是广播组织播放的广播、电视节目，还是载有广播电视节目的信号，我国学界对此争议较大。主张“信号说”的学者认为，只有将载有节目的信号作为广播组织权的客体，才能既保护广播组织的利益，又不至于造成法律逻辑的混乱、权利归属机制与授权机制的错位和对公有领域的侵蚀。[2] 而反对者则认为，信号说不仅与我国现行《著作权法》的规定相左，而且其论证逻辑存在商榷之处。[3] 从我国现行《著作

---

[1] 参见上海浦东新区人民法院民事判决书（2017）沪 0115 民初 88829 号。

[2] 王迁．广播组织权的客体——兼析“以信号为基础的方法”［J］．法学研究，2017（1）：100.

[3] 卢海君．论广播组织权的客体［J］．苏州大学学报（法学版），2019（4）.

权法》第45条的规定来看，广播组织权的客体是“广播、电视”，即广播、电视节目本身，而非广播、电视节目中所包含的作品，这是不能混淆的两个概念。2014年6月6日向社会公开征求意见的《中华人民共和国著作权法（修订草案送审稿）》第41条规定：“本法所称的广播电视节目，是指广播电台、电视台首次播放的载有声音或图像的信号。”这实际上是将广播电视节目和载有节目的信号等同看待，意味着两个概念是可以互换使用的。笔者认为，广播电视节目和载有节目的信号是两个含义不同的概念，不可以混淆，更不能互相代替，二者的关系如同作品与载体的关系。正因如此，作品是著作权的客体，那么作为广播组织权客体的应该是广播电视节目，而不是作为载体的信号。

通过对我国《著作权法》的修改，以技术中立的方式对广播组织权的主体和其享有的转播权扩张，使其主体范围可以涵盖网络广播电台和电视台，并能对网络实时转播行为予以规制，有利于对体育赛事节目的保护和体育及传播产业的健康发展，这无疑是一个十分令人期待的结果。只是《著作权法》的修订草案在短时间内还难以通过，而且到底何时才能通过实施《著作权法》修订案，其中“广播组织权”究竟会以何面目出现，目前看来都是不可预期的。广播组织权作为此次《著作权法》修订工作的重中之重，理论界和实务界各位专家学者的修法建议可谓是百家争鸣，争议较大，在广播组织权的客体和保护期限等问题上都没有达成共识。而我国知识产权法学界对于将来《著作权法》修订案中引入“视听作品”概念、使体育赛事直播画面按照普通作品的独创性标准获得保护，已经基本达成共识。笔者认为，当务之急应停止对体育赛事直播画面的作品属性的争议，尽快对体育赛事节目的保护模式及其路径选择达成共识，并且将其落实到立法和修法环节。争取《著作权法》修订案早日出台，促进产业健康有序发展，才是解题关键。至于反不正当竞争保护模式对体育赛事节目的保护也只能是目前立法状态下的权宜之计，反不正当竞争扩展保护的限度应该是明确的，不能无限度地将反不正当竞争法的扩展保护适用于所有的知识产权法领域。

【经典案例】

（一）新浪公司诉天盈九州著作权侵权及不正当竞争纠纷案[1]

【案情简介】[2]

北京新浪互联信息服务有限公司诉北京天盈九州网络技术有限公司侵犯著作权及不正当竞争纠纷案受到社会各界关注，被称为我国"体育赛事直播第一案"。

北京新浪互联信息服务有限公司（以下简称新浪公司）在2012年3月与中超联赛有限责任公司（以下简称中超公司）签订协议，并于同年12月得到中超公司的授权，在合同期内享有在门户网站领域独占转播、传播、播放中超联赛及其所有视频，包括但不限于比赛直播、录播、点播、延播。天盈九州网络技术

---

[1] 本案焦点分析部分由刘宝琪撰写部分初稿，孙玉荣修改后定稿。

[2] 案情简介参见北京市朝阳区人民法院民事判决书（2014）朝民（知）初字第40334号和北京知识产权法院民事判决书（2015）京知民终字第1818号。

有限公司（以下简称天盈九州公司）为凤凰网的网站所有者，负责该网站的运营。2013 年 8 月 1 日，凤凰网在其网站中超频道的显著位置标注并提供“山东鲁能 VS 广东富力”和“申鑫 VS 舜天”两场比赛的直播。用户进入栏目中的“体育视频直播室”，即可观看两场比赛，同时配有回看、特写，场内、场外，全场、局部的画面，以及全场解说。新浪公司以著作权侵权以及不正当竞争为由，将天盈九州公司诉至法院。原告诉称，天盈九州公司未经合法授权，在凤凰网设置中超频道，非法转播中超联赛直播视频，严重侵犯新浪公司的独占权利，擅自将电视台正在直播的中超比赛的电视信号通过信息网络同步向公众进行转播的行为，侵犯了新浪公司享有的以类似摄制电影方式创作的涉案体育赛事节目的作品著作权。同时指出，凤凰网的行为违背了竞争秩序和商业道德，构成不正当竞争。原告请求法院判令天盈九州公司立即停止侵犯新浪公司拥有的中超联赛视频的独占传播、播放权，停止对体育赛事转播权及其授权领域正当公平竞争秩序和商业模式的破坏，停止以显著规避授权限制为目的、在凤凰网上用与第三方进行所谓“体育视频直播室”合作方式达到在门户网站上直播中超赛事视频效果的行为，停止向用户做引人误解的虚假表示，对视频播放服务的来源做引人误解的虚假宣传，赔偿新浪公司经济损失 1000 万元，并在其经营的凤凰网首页及《中国电视报》上发表声明，消除侵权及不正当竞争行为造成的不良影响。

天盈九州公司辩称原告诉求不明，其起诉于法无据，足球赛事不是我国著作权法保护对象，对体育赛事享有权利并不必然对体育赛事节目享有权利；新浪公司未获得作者授权，且其获得的授权有重大瑕疵，因此新浪公司并不是本案的适格主体；新浪公司起诉的被告不正确，主张的赔偿数额缺乏依据。

一审法院经审理后认为，天盈九州公司与乐视公司以合作方式转播涉案体育赛事节目的行为，侵犯了新浪公司对涉案体育赛事转播画面作品享有的著作权。涉案的转播行为不属于我国著作权法所确定的信息网络传播权的范畴，但属于“应当由著作权人享有的其他权利”，应受我国著作权法的保护。因此，对新浪公司主张被告侵犯其著作权并据此要求天盈九州公司停止侵权、赔偿经济损失及消除影响的诉讼请求，予以支持。

针对新浪公司提起的不正当竞争诉讼，一审法院认为，新浪公司作为赛事转播授权一方，其权利受到的侵害，可通过著作权法的保护得到救济，无须再以反不正当竞争法进行规制。因此，对新浪公司涉案提起的不正当竞争行为的诉请，一审法院不予支持。

2015 年 6 月 30 日，北京市朝阳区人民法院作出一审判决，认定天盈九州公司侵犯了新浪公司对涉案体育赛事直播画面享有的著作权，判令被告停止播放中超联赛 2012～2014 年两个赛季期间的比赛，赔偿新浪公司经济损失 50 万元，并在其凤凰网首页连续 7 日登载声明，驳回新浪公司其他诉讼请求。

一审判决后被告天盈九州公司对判决结果表示不服，向北京知识产权法院提出上诉，称一审法院存在程序违法情形且适用法律错误，判定的赔偿数额过高，缺乏合理依据。据此，请求二审法院撤销一审判决并驳回新浪公司全部诉讼请求。

2016 年 8 月 18 日，北京知识产权法院公开开庭审理此案，并于 2018 年 3 月 30 日作出终审判决，推翻了一审法院对于体育赛事直播画面构成作品的认定，认为天盈九州公司的行为不构成对新浪公司著作权的侵犯，据此，撤销一审判决，驳回新浪公司的全部诉讼请求。

【争议焦点】

本案的争议点主要聚焦于以下三个方面：一是针对一审判决中权利来源的认定；二是体育赛事直播画面的作品属性认定；三是网络实时转播行为的法律调整。

【简要评析】

近年来有关体育赛事直播节目的著作权纠纷案件不断涌现，但从司法实践和我国理论研究的现状来看，对于体育赛事直播节目的作品属性认定，理论界和实务界都存在很大的分歧，各种观点纷繁复杂，莫衷一是。因此，对体育赛事直播节目所涉及的著作权法律问题进行深入探讨，在理论上和实践中都非常重要。此案非常具有典型意义，判决结果对于体育赛事节目的作品属性认定及保护具有深远影响。

1. 区分体育赛事和体育赛事节目等基本概念的重要性

针对体育赛事节目的作品属性及著作权保护问题进行探讨，有必要先对涉及的体育赛事、体育赛事节目和体育赛事节目传输信号这几个基本概念进行明晰。

体育赛事是指在裁判员的主持下，按照统一的规则要求，组织与实施的运动员个体或运动队之间的竞技较量活动，世界杯、奥运会、美国职业篮球联赛（NBA）、世界一级方程式赛车等都是世界范围内规模和影响力较大的体育赛事。体育赛事的过程和结果是客观发生的，参加体育比赛的运动员水平不同以及种种不确定性造成比赛的过程和结果是唯一且不可复制的，没有两场完全相同的比赛，因此体育赛事不是作品，不能成为著作权法保护的客体。[1] 体育赛事和体育赛事节目的构成和表现形式及参与主体都不相同，体育赛事节目和体育赛事直播画面也不是同一个概念，不可将这几个概念混淆。虽然体育赛事不能构成著作权保护的客体，但这并不影响体育赛事节目的作品属性认定问题。

2. 案件的焦点评析

（1）争议焦点之一：依据协会章程是否可以认定权利来源。

在本案中，体育赛事活动的组织方中国足球协会根据《国际足联章程》和《中国足球协会章程》来证明自己是原始权利人，而原告新浪公司通过证明从中国足球协会的代理人处获得了网络转播的专有许可。对此，一审法院予以认定，“根据相关章程，中国足球协会当然地拥有各项足球赛事的权利；其权利包括……视听和广播录制、复制和播放版权，多媒体版权……”一审法院在此基础上，依据中国足协出具的授权书，认定中超公司对中超联赛的电视广播互联网等渠道的版权，同时依据中超公司向新浪公司出具的授权书，继而认定新浪公司在门户网站转播和播放中超联赛视频的独占专有权利。“可以确认涉案赛事的转播，显而易见属于范围内的相应权利；亦说明新浪互联公司对涉案赛事转播享有权利”。[2]

一审法院对于涉案体育赛事直播画面权利来源的认定在学界引起不小的争议。著作权属于绝对权，体育赛事的组织者作为民事主体，无权创设这一法定权利，中国足协不能仅仅依据自身章

[1] 祝建军．体育赛事节目的性质及保护方法［J］．知识产权，2015（11）．

[2] 参见北京市朝阳区人民法院民事判决书（2014）朝民（知）初字第 40334 号。

程来获得包括狭义著作权和邻接权等法定权利。足球协会的章程只能对加入该协会的会员产生约束力，此种约束效力也仅限于合同法意义上的约束力，并不能对未加入该协会的第三人产生约束力。[1] 在此案中，新浪公司和天盈九州公司都不是中国足球协会的会员，法院依据国际足联和中国足协章程认定涉案体育赛事直播画面的权利来源显然值得商榷。

（2）争议焦点之二：体育赛事直播画面的作品属性认定。

新浪公司认为，涉案的两场体育赛事直播节目构成以类似摄制电影的方法创作的作品。两场体育赛事均有直播团队参与其中，从导演的选择，摄像师和编导对每个画面的选择都有主观性，直播策划及导播方案、镜头应用、创作手段等各个方面均体现了较高的独创性。体育赛事节目作为纪实作品，和电影类别中的纪实电影的艺术表现手法一样，没有演员、脚本。

天盈九州公司则认为，中超比赛是由足球运动员的自发运动形成的，不是智力成果；体育赛事画面形成的决定因素不在于编导，而在于足球体育赛事本身，不具备独创性。任何一场比赛都是唯一的、不可复制的，涉案证据不能证明上述两场比赛是作品。

新浪公司在一审起诉书中主张涉案体育赛事节目构成作品应受到我国著作权法的保护，而在其后的二审程序中新浪公司进一步明确其主张的是涉案体育赛事公用信号所承载的连续画面，构成《著作权法》第3条第（6）项规定的“电影作品和以类似摄制电影的方法创作的作品”。一审法院认为涉案体育赛事直播画

[1] 王迁．论体育赛事现场直播画面的著作权保护——兼评“凤凰网赛事转播案”［J］．法律科学（西北政法大学学报），2016（1）．

面具有独创性，应当认定为作品。但对其属于哪一种具体作品类型，判决中并未明确。我国《著作权法实施条例》对于作品的概念的规定采取了先定义后列举的方式，先将作品定义为“文学、艺术和科学领域内具有独创性并能以某种有形形式复制的智力成果”，而后对包括文字作品、口述作品、音乐作品、戏剧作品等 13 种类型的作品进行列举。而其中“电影作品和以类似摄制电影的方法创作的作品，是指摄制在一定介质上，由一系列有伴音或者无伴音的画面组成，并且借助适当装置放映或者以其他方式传播的作品”。❶ 因此，二审法院认为电影作品至少应该满足固定性和独创性的要求。

首先是固定性的要求。根据我国《著作权法实施条例》的规定，电影作品应被摄制在一定介质上。二审法院认为，“摄制在一定介质上”这就要求电影作品应已经稳定地固定于有形载体上，即需要满足“固定”的要求。本案中，涉案体育赛事直播画面并未被稳定地固定在有形载体上，因而不满足电影作品中的固定的要求。有学者认为，法院仅通过对“摄制在一定介质上”的字面文义进行解释就否认体育直播节目的“固定性”有失偏颇，体育赛事直播节目“随摄、随编、随存、随传、随播”的录制方式就是在被稳定固定于有形介质上的同时进行播放的，已经满足了“摄制在一定介质上”的固定性要求。❷“固定”的要求来源于美国等版权体系国家，我国是否也要把“已固定”作为作品的构成要件呢？我国现行著作权法规定的是“能以某

---

❶ 参见《中华人民共和国著作权法实施条例》第 4 条。

❷ 严波 . 论体育直播节目作品性质判定的两难之境与解题关键 [J]. 苏州大学学报（法学版），2019（4）.

种有形形式复制”，即作品的构成要件之一是“可复制性”而不是“固定性”。我国著作权法并未要求作品必须具有“固定性”才能受到保护。那种认为我国《著作权法实施条例》第4条对作品类型的定义中规定了电影作品须摄制在一定介质上，所以就要以“已固定”作为电影作品构成要件的说法是站不住脚的。[1]

其次是独创性的要求。独创性是构成作品的要件中最为关键的。就中超体育赛事直播画面而言，在素材的选择和拍摄方面，由于体育赛事直播画面的摄制通常具有统一的制作标准，观众对于体育赛事特定画面的观看需求，以及拍摄团队常用的拍摄方式及技巧，都限制了拍摄团队在素材拍摄上可能具有的个性选择空间，使得素材在拍摄方面很难体现较高的个性化差异，但是观众所看到的画面与赛事现场既不完全一致，也非完全同步，赛事转播画面的形成过程，除了对赛事的拍摄录制之外，还加入了精彩瞬间回看、球员动作特写、场外观众、全局和局部的画面，以及全场点评、解说和采访。在拍摄画面的选择及编排方面还是有可能体现独创性的。导演可以根据不同机位传回的画面进行选择和编排，尤其是慢动作和比赛集锦，是体现导演独创性劳动的部分，直播导演可以从全场比赛的画面中进行选取组成集锦，具有较大的个性化选择空间，能够达到较高的独创性程度。二审法院认为涉案两场体育赛事公用信号所承载连续画面不符合电影作品的构成要件，认定被告的行为未构成对新浪公司的著作权侵权。然而不能由此得出结论，认

---

[1] 熊文聪．论“已经固定”不是电影作品的可版权要件［J］．山东科技大学学报（社会科学版），2019（2）．

为任何情况下的中超赛事直播公用信号所承载连续画面都不能符合作品独创性的要求，二审法院的判决结果是在对涉案体育赛事直播过程各种限制因素综合考虑的基础上所做的类型化分析结论。但如果在具体案件中，涉案体育赛事直播节目并未受上述限制，或者存在其他独创性的体现，则其当然能构成作品。基于此，体育赛事公用信号所承载连续画面是否符合作品的独创性要求，应针对个案进行具体判断。[1]

（3）争议焦点之三：网络实时转播行为的法律调整。

网络实时转播行为属于传播行为的一种，我国《著作权法》中与传播行为直接有关的条文是第 10 条第（11）项广播权、第（12）项信息网络传播权和第 45 条规定的广播组织权，那么对体育赛事节目的网络实时转播行为是否属于我国现行著作权法所规制的行为呢？

信息网络传播权是指以有线或者无线方式向公众提供作品，使公众可以在其个人选定的时间和地点获得作品的权利，适用信息网络传播权调整的传播行为应具有交互式特点，公众可以自由选择时间和地点获取作品。而体育赛事的网络直播行为显然不具有此特点，网络用户只能在指定时间段收看直播内容，故网络实时转播行为不属于信息网络传播权的调整范围。

《中华人民共和国著作权法》第 10 条规定的广播权是指以无线方式公开广播或者传播作品，以有线传播或者转播的方式向公众传播广播的作品，以及通过扩音器或者其他传送符号、声音、图像的类似工具向公众传播广播的作品的权利。依据该规定，广播权调整的广播行为分为三种：其一，无线广播；其二，

---

[1] 参见北京知识产权法院民事判决书（2015）京知民终字第 1818 号。

以无线或有线方式转播；其三，公开播放接收到的广播。我国著作权法关于广播权的定义来源于《伯尔尼公约》第 11 条之二第 1 款的规定，因此我国现行著作权法规定的“以无线或有线方式转播”没有涵盖网络实时转播行为，因为在《伯尔尼公约》订立时根本不可能预料到会出现如今危害互联网发展的网络实时盗播行为。根据著作权法的基本原理，邻接权保护水平不能超过著作权，则广播组织转播权也不能调整网络实时转播行为，只能通过修改《著作权法》对广播组织转播权的扩张来予以规制。一审法院虽认定被告的行为构成对新浪公司著作权的侵犯，但也只能将其归入“应当由著作权人享有的其他权利”，这其实也是在目前立法状态下的不得已而为之。

近年来，体育赛事节目所引发的著作权纠纷频频发生，除本案外，还出现了包括北京体奥动力诉上海全土豆网络科技公司网络侵权案、央视国际网络有限公司诉世纪龙信息网络有限公司侵犯著作权纠纷案、央视国际网络有限公司诉华夏城视网络电视股份公司著作权侵权及不正当竞争案等典型案例，而且出现了同案不同判的现象，可见在体育赛事节目的作品属性及保护模式问题上我国知识产权法学理论界和司法实务界仍存在较大分歧。伴随着我国体育直播产业的蓬勃发展和日益增长的产值，体育产业逐渐成为国民经济的重要产业，但与此同时，网络直播的盗播行为也日益猖獗，对体育赛事节目投资方的利益造成严重侵害，对我国体育产业的发展也造成多方面影响。由此可见，体育赛事直播节目的著作权保护是非常重要和急需解决的现实难题，这关系到体育传播产业的健康有序发展、良好市场竞争秩序的维护以及文化体育事业的繁荣。

（二）央视国际公司诉暴风公司侵害著作权纠纷案

【案情简介】[1]

原告央视国际网络有限公司（以下简称央视国际公司）诉称：经国际足联和中央电视台（以下简称央视）的授权，原告在中国大陆地区独家享有通过信息网络，在线播放由央视制作、播出的“2014 巴西世界杯”赛事电视节目（以下简称涉案电视节目）的权利。在赛事期间，被告未经授权许可，利用其运营的“暴风影音”网站及该公司研发的“暴风影音 5”播放器客户端软件，通过互联网络直接向公众提供“2014 巴西世界杯”赛事电视节目短视频（以下简称涉案电视节目短视频）的在线播放服务。被告还在“暴风影音”网站首页设立名为“2014 世界杯”的专题页面，在“暴风影音 5”播放器客户端软件的醒目位置设立“世界杯剧场”栏目，对涉案电视节目短视频进行推荐和展示。原告认为，涉案电视节目短视频的作品性质为以类似摄制电影的方法创作的作品，而被告未经授权许可擅自对涉案电视节目剪辑并制作成涉案电视节目短视频并提供在线播放的行为，严重侵害了原告依法独占享有的通过信息网络向公众提供涉案电视节目的权利，故诉至法院，请求判令被告赔偿经济损失及合理支出共计 400 万元并承担本案全部诉讼费用。

【法院裁决】

北京市石景山区人民法院经审理认为，涉案赛事节目的独创

---

[1] 案情简介及法院裁决参见北京市石景山区人民法院民事判决书（2015）石民（知）初字第 752 号和北京知识产权法院民事判决书（2015）京知民终字第 1055 号。

性没有达到我国著作权法中以类似摄制电影方法创作的作品的要求，应当认定为录像制品，判决暴风公司赔偿央视国际公司各项经济损失共计 672 400 元，驳回央视国际公司的其他诉讼请求。

央视国际公司和暴风公司均不服一审法院作出的判决，并向北京知识产权法院提出上诉。

北京知识产权法院经审理查明：央视国际公司与两家案外公司签订的《2014 年第二十届国际足联世界杯互联网播出播放分许可协议》显示，2014 年巴西世界杯赛事节目以非独家授权方式在网站、手机及 App 等播放终端上进行的互联网点播费用数额均为 4 000 万元，该授权涉及的是 64 场整场比赛、开幕式及闭幕式，授权内容使用期限是 2014 年 6 月 12 日至 2014 年 8 月 12 日，且点播内容需在协议授权赛事整场比赛直播结束 90 分钟后上线点播。法院认为，涉案赛事节目在独创性高度上无法满足我国著作权法对以类似摄制电影的方法创作的作品的要求，不构成以类似摄制电影的方法创作的作品，涉案节目的性质属于录像制品。一审法院判决的赔偿数额过低，无法弥补原告央视国际公司的经济损失，因此撤销了一审法院作出的判决，对央视国际公司提出的 400 万元赔偿予以全额支持。

【案件焦点分析】[1]

综合分析本案一审、二审法院所做出的判决结果，笔者认为其核心焦点问题仍在于体育赛事节目的性质。在分析体育赛事节目的性质之前，需要对相关概念进行梳理。正如前文所述，体育赛事并不等同于体育赛事节目。目前学界有观点认为体育赛事作

[1] 本案焦点分析部分由李嘉鑫撰写初稿，孙玉荣修改后定稿。

为一种竞技活动不能构成著作权法意义上的作品，但是有的表演类项目（如艺术体操、花样滑冰等）中的一些技术动作包括舞蹈动作，若符合条件可以构成舞蹈作品。无论体育赛事的性质如何，都与体育赛事节目性质的认定无关，应当避免二者的混淆。

近年来，关于体育赛事节目的纠纷频发。权利人多主张体育赛事节目构成作品，请求法院给予狭义的著作权保护。在司法实践中，法院对于体育赛事节目的性质认定结果不同。在北京市朝阳区人民法院审理的新浪公司诉天盈九州侵害信息网络传播权纠纷及不正当竞争一案中，一审法院认为涉案体育赛事节目构成著作权法意义上的作品；北京市第一中级人民法院审理的央视国际公司诉我爱聊公司侵害著作权纠纷和不正当竞争一案中，法院经过审理认为体育赛事节目并非以展示文学艺术或者科学的美感作为目标，所以不构成著作权法意义上的作品，而是认定原被告双方构成竞争关系，认定被告行为属于不正当竞争。[1]

本案中，一审、二审法院都将涉案体育赛事节目认定为录像制品。二审法院经审理认为，通过对涉案体育赛事节目在素材的选择、拍摄、对拍摄画面的选择及编排等方面的分析，认为其在独创性高度上较难符合电影作品的要求。本案与新浪公司诉天盈九州著作权侵权案的区别在于，暴风公司的被诉行为是互联网点播行为，其发生在涉案赛事直播结束后，二审法院认为涉案每场比赛均已被稳定地固定在物质载体上，因而满足电影作品的固定的要求。下面笔者从三个方面来分析体育赛事节目是否符合独创性要求。

---

[1] 北京市第一中级人民法院（2014）一中民终字第3199号民事判决书。

1. 统一标准是否会限制独创性

在体育赛事节目制作过程中，各直播团队需要按照统一的信号制作手册进行拍摄，但是这并不会限制体育赛事节目的独创性。设置统一的信号制作手册是为了方便管理、提高效率，在现代社会中，各行各业都有其自身的规则或标准，这是人们追求公平、效率等价值的结果。而且信号制作标准属于技术上的问题，独创性并不需要技术来体现。除了信号制作外，体育赛事节目的独创性还可以体现在很多方面。

2. 满足观众需求是否会限制体育赛事节目的独创性

对体育赛事进行拍摄本质上来说属于一种商业行为，媒体希望通过体育赛事节目的制作获得更高的经济利益。满足用户的需求是商业行为的内在逻辑，任何产品或服务想获得更高的市场价值，很大程度上取决于满足用户需求的程度。换句话说，能够满足人类需求的事物才是有价值的。满足观众需求不但不会限制体育赛事节目的独创性，还能够在一定程度上促进独创性的提高。媒体在利益的驱动下，要想获得更高的经济利益，就需要不断地满足用户的需求，于是在这一过程中就会投入更多的智力活动进行创作，在高水平智力活动下创作出的作品其独创性也就越高。

3. “固定的套路”是否会限制独创性

二审法院认为直播导演会基于其对规则、流程以及比赛规律的了解，尽可能使得其对画面的选择和编排更符合比赛的进程，而这一能力对于同等水平的直播导演而言并无实质差别。相应地，不同直播导演对于镜头的选择及编排也不会存在过大的差异。然而现实恰恰相反，观看不同媒体播出的同一体育赛事节目，观众获得的感受一定是不同的。有的媒体制作的体育赛事节目能使电视机前的观众身临其境地感受比赛的紧张气氛和运动员的情感变化；有的媒体制作的体育赛事节目让观众感觉更像是一则新闻，仅仅客观记录了时间、地点和人物等要素。即使体育赛事节目的拍摄存在固定的“套路”，但不同的直播团队制作的体育赛事节目的效果必然是不同的，给观众带来更好体验的节目一定投入了更高水平的智力创造。

结合我国著作权法的内在逻辑以及行业发展规律来看，对体育赛事节目不应苛以过高的独创性要求。从素材的选择、拍摄、对拍摄画面的选择及编排三个方面看，体育赛事节目体现出的独创性符合类电影作品的要求。[1]

[1] 来小鹏，贺文奕．论体育赛事节目的独创性［J］．山东科技大学学报（社会科学版），2019（4）：49.

第四章　网络游戏著作权问题研究[1]

一、导论

网络游戏（Online Game），简称“网游”，主要是指通过网络传输方式实现多个用户同时参与、进行交互娱乐的电子游戏。我国《网络游戏管理暂行办法》规定：“本办法所称网络游戏是指由程序和信息数据构成，通过互联网、移动通信网等信息网络提供的游戏产品或服务”。[2]

随着网络游戏行业的蓬勃发展，网络游戏开发处于井喷的状态。随着文化和技术的创新，还会有更多令人眼花缭乱的新兴游戏类型涌现。按照不同的标准，可以将网络游戏区分为不同的种类。按照网络游戏的平台划分，可分为客户端游戏、网页游戏和移动端游戏；从网络游戏的内容来看，又可分为 RPG（Role-Playing Game）角色扮演类游戏、MOBA（Multiplayer Online

---

❶ 本章内容由李贤撰写初稿，孙玉荣修改后定稿。部分内容发表于《科技与法律》2020 年第 4 期，作者：孙玉荣、李贤。

❷《网络游戏管理暂行办法（2017 修订）》第 2 条。

Battle Arena）多人在线战术竞技类游戏、STG（Shooter Game）射击类游戏、SLG（Simulation Game）策略游戏等数十种。无论网络游戏的形式和内容多么丰富，究其本质，网络游戏的核心都是由两部分所组成，即游戏引擎和游戏资源库。所谓的“游戏引擎”是指能够控制游戏运行的计算机软件，包括计算机程序及其有关文档。[1] 所谓的“游戏资源库”是指计算机程序能够通过指令支配、调用的各种素材，包括文字作品、美术作品、音乐作品、类电影作品等。根据我国《计算机软件保护条例》第3条和《著作权法》的相关规定，计算机程序属于计算机软件，当然是受著作权法保护的作品。而在游戏资源库中，那些文字、美术、音乐、摄影等作品，在能够满足“独创性”要求的条件下，也能够作为独立的著作权客体受到保护，其中不仅包括游戏开发商在研发制作过程中购买他人享有版权的作品，也包括开发者自己创作的作品。

对网络游戏整体而言，有学者提出应当在著作权法中单独确认游戏作品的客体地位。[2] 笔者对此持保留意见，认为这种做法在目前还不具有必要性。对于有些游戏，其主体为程序代码，附有少量的游戏资源素材，此时以计算机软件的相关规定进行保护

---

[1] 根据我国《计算机软件保护条例》第3条规定，计算机程序是指为了得到某种结果而可以由计算机等具有信息处理能力的装置执行的代码化指令序列，或者可以被自动转换成代码化指令序列的符号化指令序列或者符号化语句序列。文档，是指用来描述程序的内容、组成、设计、功能规格、开发情况、测试结果及使用方法的文字资料和图表等，如程序设计说明书、流程图、用户手册等。

[2] 冯晓青，孟雅丹．手机游戏著作权保护研究［J］．中国版权，2014（6）：34-37.

就已足够；有的则相反，游戏中的故事背景、人物关系和情节的设置非常丰富，包含大量视频和音频作品，运行时营造的视听效果与电影作品相类似。如果将这类游戏作品作为一种单独的作品类型加以规定，则难以涵盖其内容和类型的多样化。此外，从域外视角来看，大部分国家都没有将网络游戏规定为一种单独的作品类别，而是将其归入其他作品类型进行保护，如美国就将其认定为视听作品。

由于我国著作权法未将网络游戏作品规定为某种确定的作品类型，我国知识产权法学界对于如何保护网络游戏著作权的问题存在较多争议。学者们给网络游戏画面下的定义各有不同；有学者认为网络游戏是由若干项可获得独立保护的要素共同构成，是与电影作品类似的综合表达，故应将其归入电影作品和类电影作品。[1] 另有学者提出，网络游戏作品作为一个包含文字、美术、音乐等作品的整体资料库，可适用汇编作品对其进行保护；[2] 还有人认为既然网络游戏中涵盖的要素已可分别纳入现有知识产权法律体系，无须强行将其归入某一类作品。[3] 虽然学者的观点不一，但我国知识产权法学者在网络游戏作品作为具有独创性的智力成果应当受到知识产权法保护这一点上还是达成共识的，并且在我国司法实践中也得到了体现。

目前我国司法实践对网络游戏的著作权保护主要有两种做

---

[1] 夏佳明．电子游戏直播中知识产权保护研究［J］．电子知识产权，2016（2）：19-25.

[2] 崔国斌．认真对待游戏著作权［J］．知识产权，2016（2）.

[3] 郝敏．网络游戏要素的知识产权保护［J］．知识产权，2016（1）：69-77.

法：一是从游戏运行过程的角度，将游戏引擎作为计算机软件作品进行保护；二是将游戏拆分为不同的作品进行保护，即从视听效果的角度，将游戏动态画面中的文字、图片、音乐、小视频等不同游戏素材分别作为文字作品、美术作品、音乐作品、类电影作品进行保护等。例如，在“炉石传说案”中法院就认定该游戏中的“炉石标志”和“视频与动画特效”可分别构成美术作品和类电影作品对其进行保护。❶ 在上海摩力游数字娱乐有限公司诉深圳市网域计算机网络有限公司案中，网络游戏的人物角色形象和装备也首次作为美术作品获得了著作权法的保护。❷ 笔者认为，在我国现行著作权法未将网络游戏作品规定为著作权客体的情况下，这种拆分保护的模式既解决了司法审判的实际难题，又兼顾维护了法律应有的稳定性，具有一定的可行性。

二、网络游戏画面的著作权保护

（一）网络游戏画面的界定

要厘清网络游戏画面的法律属性首先应当明晰其定义，而有关这一问题在学术界和法律实务中依旧存在很大的分歧，学者们给出了不同的定义。李扬教授认为网络游戏画面是游戏作品著作

---

❶ 参见上海市第一中级人民法院（2014）沪一中民五（知）初字第23号民事判决书。

❷ 参见上海市第二中级人民法院（2008）沪二中民五（知）初字第107号民事判决书。

权人创作游戏作品时预设的构成网络游戏作品内容的画面；[1] 崔国斌教授认为游戏画面是游戏运行时临时呈现的、由游戏资源库中的素材动态组合产生的画面，不同于其中直接固定的内容；[2] 王迁教授则认为游戏连续画面是以代码的形式存在，可被代码化指令序列调用的其他类型作品，并且会随着用户的操作而发生变化。[3]

在号称网络游戏直播第一案的“网易诉华多案”中，二审法院在判决书中对游戏连续动态画面和游戏直播画面进行了区分。前者是游戏运行时在终端屏幕上呈现的一系列有伴音或无伴音的游戏画面的集合或整体，与静态、单幅游戏画面相区别，也称“游戏整体画面”。游戏直播画面是对游戏画面进行实时传播所形成的连续动态画面，既包括游戏运行过程中自身呈现的游戏整体画面，也包括在游戏整体画面基础上添加、融合的其他表达。[4] 游戏直播画面中包含元素的多少因直播方式的不同而有所区别，在大型电竞赛事直播画面中，除了参赛选手操作游戏产生的游戏画面，还包括有关主持人、解说员、现场观众等的拍摄画面及其背景音效的内容。而对于在直播平台上的多数个人直播而言，游戏画面则在直播画面中占据了更为核心的地位，除了配上个人解说或评论，在直播画面上显示的便是完整的游戏画面，或

---

[1] 李扬．网络游戏直播中的著作权问题［J］．知识产权，2017（1）：14-24.

[2] 崔国斌．认真对待游戏著作权［J］．知识产权，2016（2）：3-18，2.

[3] 王迁．电子游戏直播的著作权问题研究［J］．电子知识产权，2016（2）：11-18.

[4] 参见广东省高级人民法院（2018）粤民终 137 号民事判决书。

是在游戏画面的基础上添加了实时弹幕和以小窗口展示的个人形象等独创性程度不高的内容。简要地说，网络游戏直播画面是以游戏画面为基础形成的，其内容比网络游戏画面更为丰富。两者的产生过程、作品属性、权利归属和涉及的利益主体等方面均有差异。网络游戏画面是由玩家在终端设备操作游戏使之运行而产生的呈现于终端设备屏幕上的临时的、连续的整体画面，具有以下几个特征。

首先，网络游戏画面不同于计算机程序本身，而是计算机程序运行的结果，并且游戏画面与计算机程序也不是一一对应的关系，程序员可以通过编写不同的代码达到复制其他游戏画面的目的，这也是网络游戏行业中普遍存在的抄袭现象。

其次，网络游戏画面也不同于包含美术、音频等作品的游戏资源库，而是资源库中的素材在计算机程序指令的控制下进行动态组合形成的呈现在终端屏幕上的连续、动态画面。网络游戏画面具备的两个最主要的特征在于其“连续动态性”和“双向互动性”。[1] 所谓“连续动态性”是指游戏画面并非各类素材的静态储存和组合，而是呈现在终端设备的屏幕上，随着玩家的不断操作而呈现的“连续动态的图像”。[2] “双向互动性”是强调玩家的参与性，即不同的玩家操作同一游戏甚至同一玩家在不同的时间操作同一个游戏所产生的游戏画面都可能是不同的，其能直接或间接地反映出玩家不同的心态和操作技能的高低。这一特

---

[1] 李颖怡，梁栩瑜．我国网络游戏画面版权问题研究［J］．政法学刊，2017（3）：12-23.

[2] 王迁，袁锋．论网络游戏整体画面的作品定性［J］．中国版权，2016（4）：19-24.

点，法院在判决书中也有强调，尤其是在多名玩家参与的情况下，呈现的动态画面的数量往往难以穷尽。[1]

（二）网络游戏画面的作品属性与归类

我国著作权法所称作品，是指文学、艺术和科学领域内具有独创性并能以某种有形形式复制的智力成果，[2] 即构成著作权法意义上的作品必须具备以下三个要件：一是属于文学、艺术和科学领域内的智力成果；二是具有独创性；三是能以某种形式复制。网络游戏画面是否能作为作品得到著作权法的保护？以下笔者就从这三个方面进行具体分析。

1. 网络游戏画面属于文学、艺术和科学领域内的智力成果

在全球范围内，游戏产业是发展最为迅速的产业之一，我国的网络游戏及其直播市场也以惊人的速度发展，并发展成为一种文化现象。美国于 2011 年正式宣布“电子游戏是一种艺术形式”，赋予其“第九艺术”的称谓。[3] 网络游戏的研发、制作和运营往往需要汇集多方力量，涉及程序编写、美术设计、游戏策划、技术维护、市场调研宣传等工作，需要投入大量的智力劳动，游戏作品无疑是智慧的结晶。由此可见，网络游戏画面属于文学、艺术和科学领域内的智力成果。

---

[1] 参见广州市知识产权法院（2015）粤知法著民初字第 16 号民事判决书。

[2] 《著作权法实施条例（2013 修订）》第 2 条。

[3] 刘瑾．电子游戏的第九艺术之说［N］．中国艺术报，2012-08-27（003）．

2. 网络游戏画面的独创性

网络游戏所包含的独特思想情感及其背后的逻辑都需要通过游戏画面向玩家传达，需要在游戏运行画面中通过设计、选择文字说明、背景音乐、美术作品、动画特效等不同元素进行独特的组合、编排来实现。若组成游戏画面的各项素材都能分别构成受著作权法保护的作品，而由具有作品属性的素材所组成的游戏画面反而不构成作品，这一观点是不符合逻辑的。由玩家输入特定的指令，通过计算机程序将游戏资源库中的素材作品调取出来组成的动态、连续、交互的画面，具有整体性和独创性。游戏运行产生的临时性画面包含的各种人物姿势、动作特效、场景切换等动态效果，都是沿着游戏程序事先设计好的轨迹展开的，不论玩家如何操作，都不会脱离游戏开发者预设的各种情景和模式。正如在 Stern Electronics Inc. v. Kaufman 案中的法官所言，游戏中无数的画面和声音都是重复的，因而玩家的参与并不会剥夺游戏画面本身的可版权性。[1]

3. 网络游戏画面具有可复制性

网络游戏画面的可复制性体现在以下四方面：第一，通过一定的技术手段，网络游戏画面是可以被固定、储存下来的。许多网络游戏软件都提供"画面回放"的功能，供玩家回味。比如在游戏《英雄联盟》中，玩家只要点击系统图像中的"下载图标"就能把自己的对战录像下载到本地进行观看，并且还能通过回放系统中剪辑生成的视频文件，使得该文件可在任意电脑或智能移动设备上播放，这意味着这些游戏画面可以进行无限制地复制和传播。第二，除了利用网络游戏程序内置的录像功能，通

---

[1] Stern Electronics, Inc. v. Kaufman, 669 F. 2d 852 (2d Cir. 1982).

过录像设备录制呈现在计算机屏幕上的游戏画面也能将其固定，而录像制品具有可复制性是毫无疑问的。第三，虽然基于网络游戏的交互性，不同玩家操作游戏呈现的游戏连续画面各异，具有一定的实时性，但并不意味着其画面永远不可能再现，由于游戏运行依赖的路径和数据是固定不变的，只要严格按照相同的操作就能得到相同的画面，其随机性和偶然性只是相对的。第四，根据计算机程序运行的特点，他人无须照搬原游戏的程序代码，即使编写不同的程序也能使其运行产生类似甚至相同的游戏画面，展现给玩家的视听体验别无二致。

基于以上分析，可见网络游戏画面能构成著作权法意义上的作品。关于网络游戏运行时的整体画面属于何种作品，我国现行立法没有规定，理论界和实务界也尚未达成共识，主要有“汇编作品说”“类电影作品说”“视听作品说”和“其他作品说”几种不同观点。

目前学界的主流观点和司法实务界比较倾向于将网络游戏画面认定为“以类似摄制电影的方法创作的作品”，即“类电影作品”。在2017年的“奇迹MU案”中，法院首次将游戏画面认定为类电影作品进行保护，其理由在于网络游戏在创作过程和表现形式中体现的特点与类电影作品十分相似。一方面，游戏策划、素材设计等创作人员的功能与电影创作过程中的导演、编剧、美工、音乐、服装设计等类似，编程过程则相当于电影的拍摄；另一方面，游戏画面与电影作品具有相似的表现形式。[1]广州知识产权法院在“网易诉华多案”中也将《梦幻西游2》中的游戏运行画面认定为类电影作品，法院指出，我国著作权法并

[1] 参见上海知识产权法院（2016）沪73民终190号民事判决书。

没有限定类电影作品是单向性的，故游戏画面所具备的双向互动性并不与类电影作品的认定相冲突，且玩家操作游戏的行为不构成著作权法意义上的创作劳动，不影响游戏画面的定性，游戏整体画面始终呈现一致性。❶ 许多学者认为包含人物形象刻画立体、虚拟世界构建完善、剧情发展丰富等内容的 RPG（Role-Playing Game）角色扮演类游戏和 MMORPG（Massively Multiplayer Online Role-Playing Game）大型多人在线角色扮演游戏，如《奇迹 MU》和《梦幻西游 2》等游戏，符合构成类电影作品的要求。在“守望先锋案”和“王者荣耀案”中，法院首次将 FPS（First-Person Shooting）第一人称视角射击类游戏和 MOBA（Multiplayer Online Battle Arena）多人在线竞技类游戏的游戏画面认定为类电影作品。这两类游戏与角色扮演类游戏最大的不同在于其游戏画面具备的背景设定、人物形象及关系设定相对简单，多线任务和 NPC（Non-Player Character）动画设置等内容较少，难以构成完整的故事情节，而是更加注重玩家操作的交互性和游戏体验的对抗性。法院认为，没有预先设定的故事情节并不是否定网络游戏画面构成类电影作品的原因。例如可被认定为类电影作品的风光片或纪录片作品，其中就不存在事先安排的情节，可见完整的故事情节并不是类电影作品的必备要素。❷ 可以预见，在司法实践中，会有越来越多不同类型的网络游戏画面被纳入类电影作品的范围。

从上述案例的判决结果可以看出，法院将网络游戏画面认定

---

❶ 参见广州知识产权法院（2015）粤知法著民初字第 16 号民事判决书。

❷ 参见上海市浦东新区法院（2017）沪 0115 民初 77945 号民事判决书。

为类电影作品的主要原因在于，网络游戏画面是由一系列有伴音或无伴音的具有独创性画面组成的作品，符合类电影作品表达形式的特征。因玩家操作的多样化而产生的不同画面只是无数预设游戏画面中的一种，并不会逾越游戏设计者最初限定的范围，玩家的操作无法对既定的游戏画面进行改变和创作，故游戏画面随不同操作而发生变化的这一特点不影响类电影作品的认定。

我国《著作权法实施条例》第4条规定："电影作品和以类似摄制电影的方法创作的作品，是指摄制在一定介质上，由一系列有伴音或者无伴音的画面组成，并且借助适当装置放映或者以其他方式传播的作品"。由此可见，网络游戏画面要构成类电影作品需满足以下三个条件：（1）摄制在一定介质上；（2）由一系列有伴音或者无伴音的画面组成；（3）可借助适当装置放映或以其他方式传播。

在我国现行著作权立法框架下，游戏画面难以被归入类电影作品的原因在于其创作方式，网络游戏画面是"制作"而成的，并不符合被事先"摄制"在一定的介质上这一条件。但《保护文学和艺术作品伯尔尼公约指南》指出，对电影作品和类电影作品的定义并不考虑制作它的"工艺方法"，"无论在哪种情况下，屏幕上所显示的都应当受到同样的保护"，[1] 即强调认定电影作品和类电影作品时，应当关注其连续、动态画面的表现形式而非创作方式。我国现行著作权法将电影作品和类电影作品的创作手法明确限定为"摄制"，不合理地缩小了类电影作品的范

[1] 保护文学和艺术作品伯尔尼公约（1971年巴黎文本）指南［M］．刘波林，译注．北京：中国人民大学出版社，2002：15.

围，因而有学者主张将其改为“以任何手段固定在一定介质上”。[1] 笔者对此表示赞同。

首先，随着现代科学技术的发展，“摄制”这一传统的电影制作方式已经无法涵盖所有电影作品和类电影作品，如利用特殊技术手段合成的特效视频或者利用计算机制作的动漫、动画类电影，这使得这些新型作品无法被纳入著作权法保护的范围内。

其次，我国作为《伯尼尔公约》的成员方不应当违背公约的立法精神。呈现在计算机屏幕上的网络游戏画面与电影作品一样由文字、音效、图像、动画等元素有机地组成，在表现效果上富于审美意境，能给人以“沉浸式”的视听享受，其与类电影作品的本质特点是一致的。

在现有立法条件下，对类电影作品的含义作出适当的扩大解释，将网络游戏画面纳入类电影作品的保护范围实属不得已而为之。随着互联网技术发展的突飞猛进，著作权法律制度也应当与时俱进，与科学技术的发展接轨，才能更有力地应对和遏制网络游戏“换皮”等侵权问题，保护新兴的网络游戏产业。我们欣喜地看到，2014 年 6 月 6 日国家版权局报请国务院审议的《著作权法（修订草案送审稿）》中新增了有关“视听作品”的条款用以取代电影作品和类电影作品。视听作品是“指由一系列有伴音或者无伴音的连续画面组成、并且能够借助技术设备被感知的作品，包括电影、电视剧以及类似制作电影的方法创作的作品”。[2] 该定义的进步之处在于取消了“摄制在一定介质上”这

---

[1] 王迁．“电影作品”的重新定义及其著作权归属与行使规则的完善［J］．法学，2008（4）：83-92.

[2] 《著作权法（修订草案送审稿）》第 5 条。

一创作手法上的要求。许多国家和地区如美国、日本、法国等都未以“摄制”为条件来定义电影作品，其电影作品的内涵远远大于我国所限定的范围，因此在审判实践中将网络游戏画面纳入视听作品的范围内进行保护自然是可行的，如美国的 Stern Electronics, Inc. v. Kaufmank 案❶。但也有学者认为著作权法修订草案这一条款对于视听作品的定义依然过于局限，将电影、电视剧以及类电影作品以外的视听作品排除在法律的保护范围外，不仅无益于网络游戏画面保护困难问题的解决，还将进一步加深我国对视听作品认识的局限性，❷ 因此对“视听作品”的定义还有待进一步探讨并加以完善。

三、网络游戏直播的侵权风险与合理使用

随着信息技术和电子游戏产业的飞速发展，网络游戏直播用户也呈井喷式增长，带来了许多新的法律问题，由此引发的有关著作权侵权纠纷也越来越多。应当指出的是，尽管网络游戏种类繁多，但并不是所有网络游戏都能成为直播的目标游戏，目前游戏直播所涉及的游戏主要为对抗性强、观赏性高的电子竞技类游戏，而游戏直播观众观看的内容又主要聚焦在战术竞技类赛事的游戏直播。

电子竞技是指以电子设备作为运动器械进行的、人与人之间

---

❶ Stern Electronics, Inc. v. Kaufman, 669 F. 2d 852 (2d Cir. 1982).

❷ 李颖怡，梁栩瑜．我国网络游戏画面版权问题研究［J］．政法学刊，2017（3）：12-23.

的智力对抗运动，电子竞技游戏包括狭义、广义和泛电子竞技游戏。[1] 除了虎牙直播、斗鱼 TV、战旗 TV、火猫 TV 等人们耳熟能详的直播平台，在 2016 年还出现了企鹅电竞这种完全垂直于游戏电竞领域的电竞直播平台，在业内很有影响力。随着网络游戏用户数量不断的激增和直播平台的快速发展，网络游戏直播行业拥有不可小觑的巨大市场前景。

网络游戏直播是指以视频内容为载体，以电子竞技比赛或电子游戏为素材，由主播实时展示或解说自己及他人的游戏过程或游戏节目的服务，[2] 其中又可分为两大类型：一是电子竞技游戏的大型赛事直播；二是电子竞技玩家在各直播平台进行的个人直播。大型赛事直播是由游戏开发商或游戏运营商授权给赛事承办方，赛事承办方获得赛事承办权后，组织、制作赛事内容，再将其版权出售，由各游戏直播平台购买赛事直播权，向用户播出，其内容除了游戏画面，还包含赛事的主持、专业人员解说、镜头的选择性切换等内容。玩家个人直播是指玩家利用游戏直播平台将其操作游戏形成的游戏整体画面实时地向观众同步传播，进而了解其游戏策略和游戏技巧，其传播的画面有可能只含有网络游戏运行产生的画面，也有可能加入了观众互动、个人评论、玩家形象或其他元素。

---

[1] 上海艾瑞市场咨询有限公司．中国电子竞技及游戏直播行业研究报告 2016 年［C］. 艾瑞咨询系列研究报告（2016 年第 8 期）．2016：138-203.

[2] 上海艾瑞市场咨询有限公司．中国游戏直播市场研究报告（行业篇）［C］. 艾瑞咨询系列研究报告（2015 年第 2 期）．2015：193-243.

（一）网络游戏直播可能侵犯的专有权利

无论是何种模式的网络游戏直播，该直播行为都不可避免涉及对网络游戏画面的公开传播。在不构成法定许可或是合理使用的情形下，未经著作权人许可，擅自公开传播他人作品的行为就是侵权行为。有关该行为到底侵害了著作权人的何种权利，知识产权法学界看法不一。有学者认为在公开的电子游戏竞赛中，展示或播放游戏画面的行为有可能侵犯著作权人的表演权或放映权；[1] 也有人主张，信息网络传播权或者广播权的保护范围应当得以扩大，以适应网络时代的传播形式，这代表着未来的发展方向；[2] 还有学者认为游戏直播行为侵害的是"应当由著作权人享有的其他权利"。[3]

1. 网络游戏直播行为与表演权

根据我国著作权法对表演权的规定，表演权控制两类表演行为：现场表演和机械表演。现场表演是指由人对文字作品、戏剧作品、音乐作品和舞蹈作品所进行的公开现场表演；机械表演与"活表演"的概念相对应，是指将对作品的表演使用机器设备予以公开播放的行为。笔者认为，将网络游戏直播行为归入表演权的范围进行调整并不合适。

---

[1] 崔国斌．认真对待游戏著作权［J］．知识产权，2016（2）：3-18.

[2] 周高见，田小军，陈谦．网络游戏直播的版权法律保护探讨［J］．中国版权，2016（1）：52-56.

[3] 李扬．网络游戏直播中的著作权问题［J］．知识产权，2017（1）：14-24.

首先，根据我国《著作权法实施条例》第 5 条[1]以及《罗马公约》第 3 条[2]规定中对“表演者”的定义，游戏主播的身份并不在法律规定的“表演者”范围内。其次，游戏直播必然是在运行游戏的过程中进行的，而玩家在进行游戏直播时操作游戏的行为追求的是在遵守既定规则的前提下完成任务、赢得胜利的目标。无论游戏比赛玩家操作的角色的动作、走位和技巧多么巧妙，其行为也不是在追求美感和艺术享受，而是一个实现操作实用性最大化的过程，并且其中融入的玩家对游戏的独到见解也属于思想，而非表达。此时电子竞技选手的行为无异于体育竞技运动员的表现，并不属于表演的过程。最后，游戏直播目的在于形成“网络围观”，且他人“围观”主要是为了学习经验或对其技巧与业绩进行评价，并不是为了欣赏游戏中的固有画面。[3] 由此可见，网络游戏直播的目的并不是为了公开传播游戏画面这一作品，不符合表演权的特点。

2. 网络游戏直播行为与信息网络传播权

关于网络游戏直播行为是否应受信息网络传播权的规制，应当区分不同类型的直播行为分别进行讨论。大型电子竞技比赛通常在特定的赛季举办，因此在网络游戏赛事直播节目播出前，一般各网络视频平台或者网络直播平台都会提前发布节目预告，通

[1] 《著作权法实施条例（2013 修订）》第 5 条第 6 项，“表演者，是指演员、演出单位或者其他表演文学、艺术作品的人”。

[2] 《保护表演者、音像制品制作者和广播组织罗马公约》第 3 条，“表演者，是指演员、歌唱家、音乐家、舞蹈家和表演、歌唱、演说、朗诵、演奏或以别的方式表演文学或艺术作品的其他人员”。

[3] 王迁．电子游戏直播的著作权问题研究［J］．电子知识产权，2016（2）：11-18.

知观众直播的内容及时间。而对于游戏玩家在各直播平台进行的个人直播，按照网络游戏直播的流程，玩家可在自行选定的时间内运行、操作游戏的同时辅以解说，其直播画面将自动同步、实时上传至网络服务器，供观众观看。

我国在 2001 年修订《著作权法》时，根据《世界知识产权组织版权条约》（WCT）增加了"信息网络传播权"，指以有线或者无线方式向公众提供作品，使公众可以在其个人选定的时间和地点获得作品的行为。[1] 信息网络传播权最大的特点在于其"交互性"，即用户可以根据自己的需求，自由主动地获取信息。而无论是个人直播还是赛事直播，由于其具有实时性，观众只有在固定的时间进入直播间才能观看特定的内容，进行弹幕评论、点赞、赠送礼物等互动交流活动，并不能自由地任意选择他人开播的时间，因此并不属于"交互式传播"，此行为难以受到信息网络传播权的控制。

目前，大部分的直播平台还提供视频回放的功能，在个人直播中，主播在直播时开启"直播录像功能"后，系统就会自动保存完整的直播画面，由主播发布至平台形成"直播回放视频"。至于电竞赛事直播，网络视频平台和直播平台也时常提供直播视频的"重播""回看"功能供观众回味。换言之，无论是玩家个人直播抑或大型电竞赛事直播，观众在直播结束后依然能够随时随地登录相应的网络平台，进入相应的主页，有目的性地浏览、点击其发布的历史直播视频进行观看，就如同将现场演唱会录制成录像制品上传至网络平台传播，使未能在现场观看的人也能获取该视频资源一样。根据最高人民法院通过的《关于审

---

[1] 《著作权法》第 10 条第 1 款第 6 项。

理侵害信息网络传播权民事纠纷案件适用法律若干问题的规定》第 3 条第 2 款的规定，“通过上传到网络服务器、设置共享文件或者利用文件分享软件等方式，将作品、表演、录音录像制品置于信息网络中，使公众能够在个人选定的时间和地点下载、浏览或者其他方式获得的，人民法院应当认定其实施了前款规定的提供行为”。这种上传、发布游戏直播画面的行为属于“向公众提供作品”的行为，基于游戏画面是直播画面中的重要组成部分，传播直播画面的同时必然会导致游戏画面的传播。这种网络游戏直播的回放性质实质上与 IPTV 提供的回看功能一样，具备了“交互性”，符合“点对点”的传播模式，属于信息网络传播权控制的范畴。但由于直播画面区别于游戏画面，不应将这种事后上传网络直播画面的行为与网络游戏直播行为相混淆，直播平台所提供的“回放功能”并不会影响“网络游戏直播行为”的定性。

3. 网络游戏直播行为与广播权

我国《著作权法》中有关广播权的定义[1]主要来自于《伯尔尼公约》第 11 条，广播权规制的行为包括三种，分别是：无线广播、以无线或有线方式转播以及公开播放接收到的广播。相对于信息网络传播权，广播权的特点就在于其“非交互性”以及采取“点对多”的传播模式。

网络游戏直播是通过信息网络而非无线广播进行实时传播

---

[1] 《著作权法》第 10 条第 1 款规定，广播权是指“以无线方式公开广播或者传播作品，以有线传播或者转播的方式向公众传播广播的作品，以及通过扩音器或者其他传送符号、声音、图像的类似工具向公众传播广播的作品的权利”。

的，明显不属于广播权规制的范围内，从其产生的传播效果来看，却与收听广播或观看电视节目等相类似，观众登录直播平台系统后，只能即时欣赏直播平台按照既定的安排播出的网络游戏直播节目，并且无数的用户都可以在同一时间进入同一个直播间，其所观看到的内容都是一致的。有学者主张将“广播权”进行扩大解释以应对网络信息技术的发展，但即使将计算机网络所使用的网线也扩大解释为属于“有线”的一种，依旧不符合收到无线信号后以有线方式“转播”的条件，[1] 因此网络直播行为难以被纳入现行立法的“广播权”的调整范围。

我国《著作权法（修订草案送审稿）》中删去了有关“广播权”和“放映权”的规定，以“播放权”取而代之，即以无线或者有线方式公开播放作品或者转播该作品的播放，以及通过技术设备向公众传播该作品的播放的权利。[2] 这样一来，网络游戏直播行为就可以落入“播放权”的规制范围内。但在我国现行《著作权法》尚未规定“播放权”的情况下，笔者赞同用“应当由著作权人享有的其他权利”这一兜底性条款对网络直播行为加以规制，以治理网络直播行业的侵权乱象。

（二）网络游戏直播行为是否构成合理使用

著作权法的立法宗旨在于鼓励创作、促进文化发展，因此它不仅赋予了著作权人许多垄断性的财产权利和人身权利，还出于社会政策的考量，对这些“专有权利”加以一定的限制，目的

---

[1] 王迁．我国《著作权法》中“广播权”与“信息网络传播权”的重构［J］．重庆工学院学报（社会科学版），2008（9）：23-28.

[2] 《著作权法（修订草案送审稿）》第13条第6项。

在于平衡著作权人的个人利益和社会公共利益，促进知识与信息的广泛传播和利用，这不仅是法律的公平正义价值观的体现，也是现实中保证社会科学、文化、经济生活的创新驱动力的重要保障。

我国《著作权法》第22条穷尽式地列举了“合理使用”的12种情形，结合《著作权法实施条例》第21条的规定，我国著作权合理使用的构成要件有：（1）使用的作品应当是已经发表的作品；（2）使用他人作品须指明作者姓名和作品名称；（3）须符合法律规定的特定情形；（4）不得影响著作权人对作品的正常使用；（5）不得不合理地损害著作权人的合法利益。在我国，这五个构成要件是缺一不可的，其中的后三个构成要件其实就是所谓的“三步检验法”在我国国内立法的具体体现。[1]《美国版权法》第107条规定了在具体案件中判断某一行为是否属于“合理使用”（fair use）时应当考虑的4个因素：（1）使用的目的和特点；（2）被使用作品的类型；（3）被使用部分与整个作品的比例；（4）使用行为对版权作品潜在市场或价值的影响。与我国不同的是，《美国版权法》第107条对合理使用的规定并不要求被使用作品是已经出版的。我国最高人民法院对美国版权法的“四要素标准”进行了借鉴，于2011年12月16日发布的《关于充分发挥知识产权审判职能作用推动社会主义文化大发展大繁荣和促进经济自主协调发展若干问题的意见》（法发〔2011〕18号）第8条明确指出，要正确认定合理使用行为，考虑作品使用行为的性质和目的、被使用作品的性质、被使用部分

[1] 多数学者认为《著作权法实施条例（2013修订）》第21条即是具体体现。

的数量和质量、使用对作品潜在市场或价值的影响等因素。下面笔者就对其加以逐一分析。

1. 使用行为的性质和目的

网络游戏直播行业中，游戏主播与直播平台之间的合作主要有签约模式、合伙分成模式和会员注册式。[1] 无论何种模式，各大直播平台和游戏主播的紧密合作意味着直播时使用游戏画面的行为并不是为了“个人”的学习、研究或欣赏。游戏直播具有较强的互动性和社交性，观看游戏直播的人群可以通过设置的弹幕系统进行评论、打赏和话题讨论等，与主播进行交流，主播通过摄像头与观众面对面，根据观众的反馈实时调整自己的直播表现，游戏直播互动性强的特点使得其超越了个人使用的范畴。

网络游戏直播产业所蕴含的商业价值日益彰显，其盈利的关键在于用户流量的多少，即观众人数的多少。目前大多数用户对观看平台的选择与主播的人气高低紧密相关，主播们凭借其高超的游戏操作技巧、幽默风趣的解说甚至颜值等个人魅力所能吸引到的流量越多，其所获利的途径和数量也就越多。直播平台与游戏主播互相合作，通过提供各种娱乐服务和视听体验以吸引用户流量谋取经济利益。无论是哪种经营模式，游戏主播和直播平台都是以获取经济利益为主要目的。不管是直播平台还是游戏主播都能够通过插播广告、售卖虚拟道具、收取会员费、打赏变现等方式从游戏直播产业中分得巨大的利润。特别是对于“网红”主播来说，其个人能为直播平台带来的流

---

[1] 孙磊．电子游戏竞技网络直播中的 IP 保护［J］．电子知识产权，2016（11）：74-83.

量也促使直播平台不惜花费重金从其他竞争对手中挖角儿，例如，斗鱼直播就曾经花费数千万从虎牙直播签约数名知名主播。因此，这种追逐商业利益最大化的网络游戏直播行为显然不能构成我国《著作权法》第 22 条所规定的第一种合理使用情形。[1] 若是普通的游戏玩家在直播平台仅是出于兴趣爱好，为交流和学习游戏技巧、分享体验心得进行的非营利性直播，可以构成合理使用的这种情形。

关于使用游戏画面行为的性质，有观点认为，游戏直播并不是为了单纯地再现画面本身的美感或所表达的思想感情，而是展示特定用户的游戏技巧和战果，因而具有转换性，构成转换性使用。[2] 笔者认为，游戏直播对于游戏运行画面的利用难以构成转换性使用。游戏主播和直播平台在网络游戏直播的过程中做出的具有一定独创性的表达如评论、解说、画面剪辑、录像制品等固然是游戏直播吸引观众的重要因素，但其相比于所展示的游戏画面仍然处于附属的地位，因为“特定用户的游戏技巧和战果”无法脱离游戏画面而存在，观众若想要欣赏和学习游戏的操作技巧，必然是在欣赏游戏画面本身及其蕴含的思想感情，游戏画面在直播中是处于核心地位的。换句话说，即使游戏直播行为增加了新的内容、理念和视角，传达出游戏主播的感情抒发和个性化表达，具有了一定的转换性，但由于其高度依赖于游戏运行画面的视听效果，它的转换性也是较低的。正如法院在“梦幻西游 2

[1] 《著作权法》第 22 条列举的“合理使用”的第一种情形是：为个人学习、研究或欣赏，使用他人已经发表的作品。

[2] 王迁．电子游戏直播的著作权问题研究［J］．电子知识产权，2016（2）：11-18.

案”判决书中所指出，游戏整体画面的艺术价值功能在游戏直播中并未发生转变，仍是通过玩家或观众的视听体验得以实现，游戏直播的价值和功能在相当程度上仍来源于游戏著作权人的创作性劳动。[1]

2. 被使用作品的性质

一般而言，被使用的作品若是虚构作品，会比事实性或功能性作品的独创性高。被使用的作品独创性的高低对使用行为是否构成合理使用的判断会产生影响，独创性程度越高的作品受到保护的力度越大，换言之，构成合理使用的可能性越小。游戏运行画面是在玩家的操作下调用了游戏资源库中的各种素材，有机结合人物关系、故事情节、动画视频、音效、美术画面等呈现在游戏玩家面前的虚构作品，这种作品给玩家带来的视听享受和娱乐体验与电影作品相类似。在司法实践中也有越来越多的游戏画面被认定为类电影作品而获得保护，网络游戏直播中使用的游戏运行画面因其具有较高的独创性，不利于游戏直播行为对游戏画面构成合理使用的认定。

3. 被使用部分的数量和质量

在游戏直播中，使用游戏画面的时长、内容多少及其重要性是判断“被使用部分的数量和质量”的重要参考因素。所使用部分的数量越多及该部分对原作的重要性越大，则其替代原作、成为竞争产品的可能性就越大。因此，若要构成合理使用，要求被使用部分的数量及其重要性是适度且必要的。

无论是游戏玩家的个人直播还是大型电竞赛事的直播都将游戏画面作为其直播的主要内容，因为所有的直播内容都要以玩家

---

[1] 参见广东省高级人民法院（2018）粤民终 137 号民事判决书。

在游戏画面中展现的人物关系和对话、故事剧情发展、地图及关卡设置和技能特效等内容为基础。虽然直播的过程中会加入主播或者主持人对画面的解说、双方战况的评论、背景音乐甚至是对赛事期间的镜头切换等元素，但游戏直播的焦点仍然在于游戏画面本身，观众在观看游戏直播时关注的是特定玩家在游戏中的激烈厮杀和对抗情景及其过程中展现的技巧和战果，归根到底游戏画面是直播不可或缺的实质部分。如果没有了游戏画面，网络游戏直播就如同无源之水、无本之木。由于网络游戏的运行具有连贯性，大多数主播都在直播中演示操作游戏的全过程，而非使观众摸不着头脑的某个已“掐头去尾”的部分片段，游戏直播中对游戏整体画面的使用数量很多甚至完整地复制了游戏运行画面，这显然已经超过适当引用的程度。因此，网络游戏直播行为不能构成我国《著作权法》第 22 条所规定的第二种合理使用情形。❶

4. 使用行为对作品潜在市场或价值的影响

随着信息网络技术的快速发展，各类作品的传播方式和使用方式都呈现发展变化的趋势，侵权行为与合理使用行为之间的界限也不是一成不变的，因此，使用行为是否会给原作品带来消极影响，就成为衡量其是否能构成合理使用的重要因素。

目前的游戏直播行业主要针对的是互动频率高、对抗性强的竞技类游戏，在此类游戏中玩家注重的是在游戏中运用战术和技巧战胜对手，体验胜利的感觉，况且大部分的观众观看直播的目

❶ 《著作权法》第 22 条列举的“合理使用”的第二种情形是：为介绍、评论某一作品或说明某一问题，在作品中适当引用他人已经发表的作品。

的就在于学习技巧、获得经验从而提高自己的游戏体验。而由于网络游戏的运行依赖于玩家的个性化参与，所以玩游戏所能获得的心理满足绝非仅仅通过在直播中观看他人对战就能获得，就如同热衷于观看体育赛事节目的球迷们并不会以此来替代自己在运动场上的“实战”。因此，观看网络游戏直播节目并不会替代游戏市场本身，反而一些大型赛事直播节目还能使某款游戏在一段时间内成为“热点”或是“爆款”，激发广大游戏玩家的兴趣，为其起到广告宣传的作用。但这不能代表游戏直播对原作品潜在市场或价值没有影响，具体理由如下：首先，基于游戏开发者为制作游戏承担了巨大的成本和风险，游戏画面的著作权人无论其使用方式是否在著作权人的预料之内，对其作品的使用应当享有支配权，因此不能排除游戏开发商将直播作为自己营利的目标市场；其次，在现实中一般游戏运营商都会在玩家正式购买或开始运行游戏前，要求与其订立用户使用许可协议，其中就约定了玩家不得将游戏运行画面擅自进行公开传播，这也表明游戏开发者并没有放弃对游戏运行画面进行进一步商业利用的可能；最后，随着游戏直播的运营模式逐渐成熟以及技术、市场的拓宽，游戏开发商也在对自己游戏内容的传播渠道加大掌控力度，因此越来越多的游戏开发商也进军游戏直播这一行业，如网易 CC 直播和腾讯直播等，而未经许可直播他人享有权利的游戏画面的第三方，无疑就在无形之中挤占了著作权人在游戏直播市场中潜在的市场份额。

综上所述，网络游戏直播构成合理使用的可能性不是很大。无论是为了平衡游戏开发商或运营商、直播平台、游戏主播个人及广大玩家和观众等各方之间的利益，还是从加强对网络直播行业的监管并且促进网络游戏和直播行业的良性发展角度出发，网络游戏直播行为都不宜被认定为合理使用。在未经游戏著作权人许可或授权的情况下，擅自在网上公开传播游戏运行画面的行为属于侵权行为，直播平台和游戏主播都应当承担相应的法律责任。

【经典案例】

（一）耀宇诉斗鱼案

【案情简介】[1]

“DOTA 2”游戏是世界知名的电子竞技类网络游戏，游戏的开发商是 Valve Corporation，该游戏在中国大陆地区的代理运营商是完美世界（北京）网络技术有限公司（以下简称完美公司）。DOTA 2 的亚洲杯赛事即亚洲邀请赛于 2015 年 1 月 5 日至 2 月 9 日举行，受到广大游戏玩家的热捧。2014 年 4 月，原告上海耀宇文化传媒有限公司（以下简称耀宇公司）和完美公司签订有关合作举办 DATA 2 职业联赛、DOTA 2 亚洲杯冠军赛等电竞类赛事的协议。该协议约定：完美公司将合作赛事在中国大陆地区的视频直播/转播权独家授权给原告；原告负责合作赛事的执行及管理统筹工作，并负责在其经营的火猫 TV 网站提供合作赛事的直播、点播服务，也可以进行付费点播。在上述赛事进行

[1] 案情简介及判决结果均参见上海市浦东新区人民法院民事判决书和上海知识产权法院民事判决书，即（2015）浦民三（知）初字第 191 号民事判决书和（2015）沪知民终字第 641 号民事判决书。

期间，原告通过火猫 TV 网站对比赛进行了全程、实时的视频直播，视频内容由计算机软件截取的游戏自带的比赛画面、原告的游戏主播对比赛的解说内容、原告对其游戏直播间及游戏主播拍摄的画面、原告对决赛现场情况拍摄的画面以及原告对比赛制作的音效、字幕、慢镜头回放、灯光照明等组成，观众可以在原告网站上免费观看预选赛和决赛的比赛直播，也可以购买门票到比赛现场观看决赛。

原告耀宇公司诉称：（1）对于上述赛事，原告通过计算机软件截取了游戏自带的比赛画面，在比赛画面中加入了对游戏主播即解说员和直播间的摄像画面、解说内容以及字幕、灯光、照明、音效等内容，并通过慢镜头回放、摄像角度的选择等，形成具有独创性的该赛事直播的音像视频，该音像视频属于受我国著作权法保护的作品。被告广州斗鱼网络科技游戏公司（以下简称斗鱼公司）经营的“斗鱼”网站系电子竞技游戏直播网站。被告未经授权，通过其网站全程、实时直播了涉案 DOTA 2 亚洲邀请赛，直播内容为原告制作的上述音像视频（解说内容和拍摄的画面除外），直播时间持续近 1 个月，直播比赛共 80 场，此行为侵犯了原告的信息网络传播权。（2）原告就涉案赛事独家享有的视频转播权系属于原告的合法权益，应当受到我国反不正当竞争法的保护，原告有权禁止同业竞争者播出涉案赛事。原、被告之间存在同业竞争关系，被告的上述行为具有主观恶意，既侵害了原告的信息网络传播权，又构成违反诚实信用原则和公认的商业道德的不正当竞争，还构成虚假宣传的不正当竞争。被告在直播时还擅自使用原告的标识，并向游戏主播散播其拥有涉案赛事的版权、有权进行直播等不实消息，其负责人在与原告负责人沟通时还声称其拥有转播涉案赛事的授权等。被告的侵权行为严重分流了原告网站的用户关注度和流量，攫取了原本属于原告的经济利益，影响了原告与广告商、被授权方签约获利的能力，造成原告重大经济损失。因此，请求法院判令：被告立即停止侵权行为、赔偿原告经济损失 800 万元以及维权的合理开支 21.1 万元，并在《新民晚报》刊登消除影响的声明。

被告斗鱼公司辩称：(1) 原告经授权获得的所谓权利是视频转播权，该权利基于双方协议约定而产生，并非我国法律规定的民事权利，且该权利针对的是亚洲杯比赛，而涉案赛事是亚洲邀请赛，原告未举证证明两者系同一赛事，故原告主张的所谓权利对被告没有任何约束力。(2) 原、被告虽在同一时间对同一场比赛进行了直播，但双方网站各自呈现的比赛画面、解说、字幕、音效等完全不同，被告并没有使用原告直播的音像视频内容。涉案 DOTA 2 游戏的客户端具有对外公开的旁观者观战功能，该功能通过软件对同一场比赛截取了 10 个不同视角的比赛画面供旁观者观看，且不限制比赛画面的流出，被告直播的赛事画面即来源于该功能中的某个观战视角的比赛画面，因视角不同而与原告直播的画面不同。除比赛画面外，被告在直播时还加上了自己的解说、音效等。因此，即使原告享有其主张的所谓权利，被告也没有实施侵权行为或者不正当竞争行为。同时，被告仅提供了涉案赛事的实时网络直播，网络用户并不能够在其个人选定的时间观看到涉案赛事，故被告行为与侵害信息网络传播权无关。被告直播时在网页上标注原告的标识系对承办涉案赛事的原告的尊重，且被告并未宣传拥有涉案赛事版权等虚假消息，故不构成虚假宣传的不正当竞争。(3) 原告承办涉案赛事的费用主要用于举办决赛阶段的赛事，而被告仅播出了预选赛阶段的 8 场比赛，且双方均未从涉案赛事中获得任何盈利，观众数量的多少与网站收益没有关联，故即使被告构成侵权，原告主张的经济损失赔偿金也没有依据。同时，被告在收到法院责令停止播出涉案赛事的民事裁定书后就已停止播出，涉案赛事也早已结束，故即使被告构成侵权，也已不存在判令被告停止侵权的问题。据上，请求判决驳回原告的全部诉讼请求。

【判决结果】

2015 年 9 月，上海市浦东新区人民法院就耀宇公司与斗鱼公司著作权权属、侵权纠纷作出一审判决：被告斗鱼公司赔偿原告耀宇公司经济损失和维权合理开支合计人民币 110 万元，并在“斗鱼”网站的首页显著位置刊登声明，消除对原告耀宇公司实施不正当竞争行为所造成的不良影响。被告不服一审判决，向上海知识产权法院提起上诉，二审法院判决驳回上诉，维持原判。

【案件焦点】

本案争议焦点主要是：（1）被告是否侵害原告的信息网络传播权或者其他著作权；（2）被告是否构成对原告的不正当竞争；（3）侵权构成前提下被告应当承担的民事责任。

根据法院查明的事实，被告对正在进行的涉案赛事进行了实时的视频直播，在直播结束后不提供涉案赛事录播内容的点播观看等服务，网络用户仅能够在被告直播的特定时间段内观看正在进行的涉案赛事，该直播的时间段不受网络用户的控制，网络用户不能够在其个人任意选定的时间观看涉案赛事，故被告直播涉案赛事的行为不落入信息网络传播权的控制范围。因此，无论原告就涉案赛事的直播所形成的音像视频内容是否构成作品，也无论被告的直播内容是否与原告的直播内容相同或者实质性相同，被告的直播行为均与侵害信息网络传播权无关，原告关于被告侵害信息网络传播权的主张不能成立。鉴于原告在审理中表示如果其主张的信息网络传播权与法院认定的其享有的著作权不一致，则按照法院认定的著作权在本案中向被告主张权利，故本案的焦点其实是原告在本案中是否享有信息网络传播权以外的著作权以及被告是否侵害了原告可能享有的著作权，即涉案游戏画面的作品属性问题。法院认定涉案的“比赛画面”并不属于著作权法规定的作品，因此原告关于被告侵害其信息网络传播权或其他著作权的主张不能成立，但被告直播涉案赛事的行为严重违反了诚实信用原则和公认的商业道德，构成引人误解的虚假宣传，具有主观恶意，直接损害了原告作为涉案赛事举办方、独家视频转播权人享有的市场竞争优势，侵害了原告的商誉、经济利益等合法权益，构成对原告的不正当竞争。[1]

【简要分析】

因法院认定该案中网络游戏画面不构成著作权法意义上的作品，原告关于被告的直播行为侵害其著作权的主张不能成立，故本案最大焦点在于网络游戏画面的作品属性的问题。

“由于涉案赛事的比赛本身并无剧本之类的事先设计，比赛画面是由参加比赛的双方多位选手按照游戏规则、通过各自操作所形成的动态画面，系进行中的比赛情况的一种客观、直观的表现形式，比赛过程具有随机性和不可复制性，比赛结果具有不确定性，故比赛画面并不属于著作权法规定的作品，被告使用涉案

---

[1] 上海市浦东新区人民法院（2015）浦民三（知）初字第191号民事判决书。

赛事比赛画面的行为不构成侵害著作权。”❶ 从以上判决书的表述可知，法院认为该比赛画面不构成作品的原因主要在于它“并无剧本之类的事先设计”“具有随机性”，即认为它并非人为事先设计好的情节，不具有独创性。

有关对于该“比赛画面”独创性的认定，笔者认为法院作出该判断的原因在于其混淆了游戏比赛本身和游戏比赛产生的画面。DOTA 这种竞技类电子游戏与体育竞技非常类似，都是选手在相应规则的约束下，以赢得比赛为目的进行的活动，他们的行为在客观上只是操作技巧和方法的展现，具有随机性，在主观上也没有创作作品意图，故玩家的操作行为不具有独创性，但不能由此否认游戏画面具有独创性。

游戏运行画面虽然是由玩家的操作触发产生的，但它是计算机程序、美术作品、文字作品、音乐作品等预设素材的动态结合。正如审理“王者荣耀案”的广州互联网法院周扬法官所说：“从开发过程和内容来看，《王者荣耀》游戏是科学技术发展的产物，逻辑上预设了用户可以选择的多种带有伴音的连续活动影像画面，是开发者思想或者情感的表达，并非实用性的物品或者解决技术问题的技术方案。”❷ DOAT 2 是以《魔兽世界》中的世界观作为设计背景的一款即时战略游戏，其画面内容丰富精彩，可分为角色设定、物品道具、场景地图和游戏模式，当中的众多

---

❶ 参见上海市浦东新区人民法院（2015）浦民三（知）初字第 191 号民事判决书。

❷ 杜绮祺．国内首例多人在线竞技类游戏短视频侵权案一审落槌！[EB/OL].（2020-02-19）[2020-02-19]. 广州互联网法院，https://mp.weixin.qq.com/s/odSgaHkFeX9KzkIywWsKmA.

英雄又因其属性和定位不同而具备各式不同的动作、技能、装备等，可见游戏设计人员对角色形象的创新设计及对画面的排版构思显然倾注了心血，具有一定的独创性。

在本案中，被告斗鱼公司利用网络软件技术，通过 DOTA 2 游戏客户端内置的旁观者观战功能获取比赛画面，用来自己开展直播解说活动，并且刻录了光盘，这足以说明游戏画面是可固定并具有可复制性的。根据我国著作权法对于“作品”的定义，DOTA 2 比赛的游戏画面作为一种智力成果已经满足了独创性和可复制性的要求，构成著作权法意义上的作品。

至于游戏画面作品的著作权到底归谁的问题，笔者认为玩家的操作行为虽然对于某一具体的游戏画面的形成过程是不可或缺的重要环节，但其并不存在创作的主观意图，实际上其重复性的操作也不具有著作权法意义上的独创性，不能享有此种作品的著作权。若承认每个游戏用户对游戏画面都享有著作权，不但会导致游戏操作技巧与战术被垄断，而且会使游戏整体画面被切割为无数个新的独立作品，产生成千上万个著作权人，有悖于著作权立法精神。[1] 相反，游戏作品的权利主体相对清楚确定，考虑到游戏作品的开发者为游戏开发做出的贡献，游戏作品的著作权归属为游戏开发商这一点并无太大争议，而游戏画面属于游戏作品这一“综合体”的一部分，其著作权理应也归属为游戏开发者。

[1] 杜绮祺．国内首例多人在线竞技类游戏短视频侵权案一审落槌！[EB/OL].（2020-02-19）[2020-02-19]．广州互联网法院，https：//mp. weixin. qq. com/s/odSgaHkFeX9KzkIywWsKmA.

（二）网易诉华多案

【案情简介】[1]

《梦幻西游 2》是一款风靡数十年的游戏，也是同时在线人数最多的网络游戏，在普通大众和游戏用户中具有广泛的影响力。原告广州网易计算机系统有限公司（以下简称网易公司）对该款游戏的计算机软件以及游戏中的文字、音乐、美术作品享有著作权，并已在国家版权局登记。用户在登入《梦幻西游 2》网络游戏过程中，必须点击《服务条款》《玩家守则》等前置说明，其中的相关条款表明，在未经网易公司事先书面许可的情况下，玩家不得通过第三方软件公开全部或部分展示、复制、传播、播放《梦幻西游》的游戏画面，否则网易公司将有权根据其违约情况，采取各种处理措施，包括暂时禁止登录、强制离线、封停账号等，甚至进一步追究其法律责任。

网易公司发现，从 2012 年起，被告广州华多网络科技有限公司（以下简称华多公司）在其经营的 YY 直播网站和 YY 语音客户端上进行“梦幻西游”游戏内容直播、录播或者转播服务。华多公司召集、签约大量的游戏主播，并提供非法注入游戏客户端的代码程序或者动态屏幕截取的工具给这些游戏主播，供其抓取游戏内容；同时提供 YY 直播网站和 YY 语音客户端平台，供这些游戏主播在该平台上以直播、录播或者转播的方式传播该款游戏内容，还通过出售虚拟道具、发布广告等方式牟取了巨额利

[1] 案情简介及判决结果参见广州知识产权法院（2015）粤知法著民初字第 16 号民事判决书和广东省高级人民法院（2018）粤民终 137 号民事判决书。

益。从华多公司在经营的直播平台上对涉案电子游戏运行的显示情形看，直播窗口主要是显示游戏的连续画面，基于用户操作游戏所需，间或显示游戏过程中的功能设置和选择页面，有的还以小图形式在显示屏边角显示主播人员。华多公司的主播在直播过程中，大多数选择部分截屏方式，不截取显示游戏账号部分，不显示玩家信息，在这种情况下，网易公司无法了解主播人员所使用的游戏账号，故而无法对其采取措施使其停止直播游戏内容。实际上，有经验的主播人员还会注册购买多个游戏账号，在一个账号被处罚后更换另一账号进行直播。所以，网易公司只能对发现直播的主播采取措施，让其无法使用正在进行直播的游戏账号进入游戏。

网易公司认为，该款游戏运行过程呈现的连续画面属以类似摄制电影创作方法创作的作品，网易公司享有其作品权利。华多公司提供游戏直播的工具和平台，以利益分成的方式召集、签约主播进行该款游戏内容直播，并以此牟利的行为侵害了网易公司的著作权，并且利用网易公司关于该款游戏的市场竞争优势为其带来利益，同时构成不正当竞争，给网易公司带来巨大损失。因此，原告网易公司向广州知识产权法院提起诉讼，要求被告华多公司停止侵害著作权行为和不正当竞争行为，赔偿网易公司经济损失及合理费用人民币 1 亿元并连续 30 日在相关网站首页发布道歉声明，向网易公司赔礼道歉。

【判决结果】

2017 年 10 月，广州知识产权法院就网易公司与华多公司侵害著作权及不正当竞争纠纷一案作出一审判决，认定涉案电子游戏运行画面构成类电影作品，且其著作权为原告网易公司享有。被告华多公司在其网络平台上开设直播窗口、组织主播人员进行涉案电子游戏直播，侵害了网易公司对其游戏画面作为类电影作品享有的“其他权利”，属于《著作权法》第47条第（11）项规定的“其他侵犯著作权的行为”，故判决被告华多公司停止通过信息网络传播电子游戏《梦幻西游》或《梦幻西游2》的游戏画面，赔偿网易公司经济损失人民币2000万元，驳回原告的其他诉讼请求。[1] 对于这一判决结果，网易公司和华多公司均不服，向广东省高级人民法院提起上诉。二审法院判决驳回上诉，维持原判。[2]

【案件焦点问题】

本案主要焦点问题可以归纳为以下四点：（1）涉案游戏连续动态画面是否构成类电影作品及其权利归属；（2）华多公司是否侵权以及如何承担民事责任；（3）被诉游戏直播行为是否属于我国著作权法规定的著作财产权调整范围；（4）被诉游戏直播行为是否属于对网络游戏连续动态画面的合理使用。

由于前文对于后两个焦点问题已经做过分析阐述，为避免重复，故在此只对前两个焦点问题进行分析。

【简要评析】

1. 焦点问题（1）评析

（1）涉案游戏画面构成类电影作品。

游戏软件运行时在终端屏幕所呈现的连续动态画面即是能够被客观感知的外在表达。在华多公司经营的YY直播平台上，玩

---

[1] 参见广州知识产权法院（2015）粤知法著民初字第16号民事判决书。

[2] 参见广东省高级人民法院（2018）粤民终137号民事判决书。

家可对游戏画面进行实时的直播、转播或录播并加以解说，表明游戏运行画面能够以多种形式进行复制和传播。

在本案中，《梦幻西游 2》中人物是以文学经典《西游记》中的背景和角色为原型，通过设置鲜明的人物形象、紧凑的故事情节和浪漫梦幻的场景地图，令玩家可以在推进游戏进程和开发不同任务线的过程中，逐步探索未知的情节。通过游戏画面，游戏创作者给玩家描绘了一个上古时期集“人”“仙”“魔”三界的奇幻玄妙的世界,向玩家传递了自己独特的思想和感情，具备足够高度的独创性。尽管游戏画面的产生取决于玩家的多样化操作，具有很大的随机性，尽管每个玩家对角色、装备、任务等的选择各有不同，但所产生的无数种搭配情形仍然处在游戏开发者预设的范围内，仍属于游戏开发者的创作成果。

玩家在操作游戏的同时不仅可以观看丰富而精彩的连续画面，也可以聆听伴随全程的背景音乐或者音乐特效，使玩家感到仿佛置身于这个人为搭建的虚拟世界当中。因此从表达效果来看，游戏整体画面能给予玩家与观看电影类似的沉浸式视听体验。从表达形式的角度来看，涉案游戏画面符合类电影作品“由一系列有伴音或者无伴音的画面组成”的特点，笔者赞同广州知识产权法院将游戏整体画面认定为类电影作品进行保护的观点。在最近的“王者荣耀案”中，法院也表示，虽然我国著作权法设有“其他作品”这一兜底性条款，但认定“其他作品”需要符合“法律、行政法规规定”这一前提，故法院无权自行设定其他作品类型，而应当选择相对合适的法定作品类型对游戏画面予以保护。而由于《王者荣耀》游戏的连续画面是由用户通过游戏引擎调动游戏资源库呈现出的一系列有伴音或者无伴音的画面，故该游戏的整体画面宜认定为类电影作品。[1] 与传统的类电影作品相比，网络游戏整体画面并非“摄制”在某一特定的介质上，这也是游戏画面保护在实务中存在较大争议的原因，但《保护文学和艺术作品伯尔尼公约》中有关类电影作品的定义并没有对创作手法加以限制，在这个新兴技术层出不穷的互联网时代，本着对知识产权鼓励创新的立法精神的遵循，法院行使一定的自由裁量权，对“类电影作品”的解释加以适当的扩大也未尝不可。

（2）权利归属。

《著作权法》第 15 条规定，“电影作品和以类似摄制电影的方法创作的作品的著作权由制片者享有”，游戏开发商是游戏制作过程中起到统筹作用的人，需要负责前期筹备、协助投资、策划制作和研发运营等事宜，游戏整体画面是在游戏软件运行的过程中产生的，故当游戏整体画面定性为类电影作品时，为游戏开发投入了大量精力的网络游戏软件著作权人相当于电影作品中的制片者。在本案中，根据网易公司和博冠公司提供的计算机软件著作权登记证书、认证机构出具的证明、授权文书等证据，可以认定网易公司对《梦幻西游 2》的游戏画面享有著作权。

2. 焦点问题（2）评析

本案中，网易公司以《服务条款》和《玩家守则》等条款声明了任何人在未经网易公司的许可或授权的情况下，不得通过第三方软件公开传播其游戏画面，而华多公司在其经营的信息网

[1] 杜绮祺．国内首例多人在线竞技类游戏短视频侵权案一审落槌！[EB/OL]．（2020-02-19）[2020-02-19]．广州互联网法院，https：//mp. weixin. qq. com/s/odSgaHkFeX9KzkIywWsKmA.

络直播平台（YY 直播）召集、签约主播们进行网络游戏直播，在游戏画面构成类电影作品的情况下，其行为显然侵害了网易公司的著作权。

本案中，网络游戏直播行为虽属于玩家在直播平台开展的个人直播，但玩家在网络直播的过程中长时间、大面积地使用了游戏画面，而如果是小有名气的主播，观看其直播的人数可达数十万，实际造成对游戏画面的公开传播。网络游戏直播的内容虽然是通过信息网络进行传播，但其属于主播向观众“单向”且“定时”的传播行为，观众个人不能在选定的时间获取传播内容，故无法满足“交互式传播”的要件，而游戏直播作为一种公开传播作品的行为，仍可以“应当由著作权人享有的其他权利”加以规制。

此外，根据 YY 直播系统中对于直播模式的设置，直播结束后形成的视频仍会储存在平台中，其他观众通过搜索相关直播回放，不仅能在观看游戏运行画面的同时收听主播的解说内容，还能在画面旁边的弹幕列表中找到实时的互动痕迹，与实时观看直播并没有太大的区别，不仅扩大了游戏画面传播的时间范围，增加其传播量，而且这种传播方式显然符合“交互式传播”的特点。根据《信息网络传播权保护条例》第 2 条的规定，“除法律、行政法规另有规定的外，任何组织或个人将他人的作品、表演、录音录像制品通过信息网络向公众提供，应当取得权利人许可，并支付报酬”，故其“回放”直播画面的行为还侵犯了网易公司的信息网络传播权。

第五章　同人作品著作权问题研究

一、从"金庸诉江南案"看同人作品的著作权保护[1]

（一）"国内同人作品第一案"始末

2017年4月25日，备受瞩目的金庸诉江南等著作权侵权及不正当竞争纠纷案在广州市天河区人民法院正式开庭审理，这起案件之所以受到社会各界的广泛关注，原因之一是原被告双方的知名度。作为一代"武侠宗师"的金庸自不必多说，被告杨治（笔名江南）作为我国内地畅销小说的领军人物在2013年荣登第八届中国作家富豪榜榜首。各大新闻媒体对此案争相报道的另外一个原因是，此案关系到在网络文学中大量存在的"同人作品"，号称"国内同人作品第一案"。

金庸与江南的这场官司其实由来已久。给江南引来麻烦的是

---

[1] 本节内容由李心航、李贤撰写初稿，孙玉荣修改后定稿。部分内容发表在《公民与法》2017年第11期和《法制博览》2017年第10期下，作者：李心航。

他借以踏入文坛的走红小说《此间的少年》，它也被很多读者认为是江南最好的作品之一，创作灵感来源于作者当年在北京大学的校园生活，“此间的少年”现已成为青春回忆的代名词。2016年10月11日，年逾九旬的金庸一纸诉状，将39岁的畅销书作家江南告上法庭，称《此间的少年》一书中大量使用了自己作品中的角色姓名、人物特征和人物关系，侵犯了自己的著作权。10月23日，江南通过个人微博正式发布《关于金庸先生诉〈此间的少年〉案件的声明》，承认书中人物姓名确实基本来自金庸先生的系列武侠作品，但自己最初使用这些人物名称主要是出于好玩的心理，是“娱人娱己”，并没有侵权的想法：“无论昔日还是今日，我都一如既往地尊敬金庸先生个人和喜爱他的作品。虽然不乏在收到稿费时的沾沾自喜，但落笔的那一刻，想的仅仅是写出自己和身边人的校园故事，并未有侵权的想法。”事实上，江南在2002年出版《此间的少年》时，确实曾与出版社就书中人名的问题咨询过相关的法律人士，当时被告知这种形式未触及相关的法律规定，才决定正式出版。

原告金庸提出以下四点诉讼请求：（1）要求四被告（杨治、北京联合出版有限责任公司、北京精典博维文化传媒有限公司、广州购书中心有限公司）立即停止侵犯原告著作权及不正当竞争的行为，停止复制、发行小说《此间的少年》，封存并销毁库存图书；（2）杨治、北京联合出版有限责任公司、北京精典博维文化传媒有限公司在《中国新闻出版广电报》、新浪网刊登经法院审核的致歉声明，向原告公开赔礼道歉，消除影响；（3）杨治赔偿原告经济损失500万元，北京联合出版有限责任公司、北京精典博维文化传媒有限公司在其策划出版图书范围内承担连带责任；（4）要求四被告共同赔偿原告为维权所支出的合理费用 20 万元。[1]

金庸的代理律师牟晋军表示，金庸先生不希望炒作这件事，他并不是要通过该案出名，也不纯粹是为了获得经济赔偿，只是希望通过此举引起大家对“同人作品”现象的重视，形成一些新的规则，共同维护健康的文学创作秩序，为社会大众贡献更多原创精品。江南的代理律师则认为，人物名称、抽象的人物特征和部分人物关系，不是著作权法保护的独创性表达，对这些元素的使用是文学性使用，是古往今来文艺创作中的常见现象，《此间的少年》与金庸作品主题不同、风格不同、故事情节不同，具体表达和阅读体验也不同，并没有侵犯原告的著作权，而且《此间的少年》没有违反公认的商业道德，没有不正当利用原告作品的知名度和影响力，不构成不正当竞争。

庭审当日，金庸和江南本人都没有到庭，只是让自己的代理律师出庭参加诉讼。庭审持续了 5 个多小时，最后原告表示愿意在江南停止侵权并赔礼道歉的基础上进行调解，被告方则希望在庭后与原告进行协商。法院没有当庭宣判，给予原、被告双方一个月的时间进行调解协商，如果届时双方仍未达成调解协议，将依法作出裁判。

2018 年 8 月 16 日，广州市天河区人民法院进行了一审公开宣判：（1）被告杨治、北京联合出版有限责任公司、北京精典博维文化传媒有限公司、广州购书中心有限公司于本判决发生法律效力之日起立即停止涉案不正当竞争行为，停止出版发行小说《此间的少年》并销毁库存书籍；（2）被告杨治、北京联合出版

---

[1] 参见广东省广州市天河区人民法院民事判决书（2016）粤 0106 民初 12068 号。

有限责任公司、北京精典博维文化传媒有限公司、广州购书中心有限公司于本判决发生法律效力之日起 15 日内在《中国新闻出版广电报》中缝以外的版面刊登声明，同时在新浪新闻（news. sina. com. cn）首页显著位置连续 72 小时刊登声明，向原告查良镛（笔名金庸）公开赔礼道歉，并消除不正当竞争行为所造成的不良影响；（3）被告杨治于本判决发生法律效力之日起 10 日内赔偿原告查良镛经济损失人民币 168 万元，被告北京联合出版有限责任公司、北京精典博维文化传媒有限公司就其中 30 万元承担连带责任；（4）被告杨治于本判决发生法律效力之日起 10 日内赔偿原告查良镛为制止侵权所支付的合理开支人民币 20 万元，被告北京联合出版有限责任公司、北京精典博维文化传媒有限公司就其中 3 万元承担连带责任；（5）驳回原告查良镛的其他诉讼请求。[1]

该案的判决结果再次引发社会各界特别是知识产权法学者对同人作品的著作权保护问题的热烈研讨，处在版权旋涡中的同人作品究竟路在何方？要想回答这个问题，首先要对同人作品的概念和类型进行清晰界定，在此基础上运用“接触+实质性相似”这一著作权侵权认定公式，结合具体案情进行分析判断。

（二）同人作品的界定与缘起

严格地说，同人作品（fan fiction）并不是一个法律上的概念。“同人”一词在汉语和日语中都存在，中国古代《易经》中就出现了“同人”二字，我国古代名著《水浒传》《红楼梦》

---

[1] 案情简介及判决结果参见广东省广州市天河区人民法院民事判决书（2016）粤 0106 民初 12068 号。

《西游记》等也都有同人作品产生。日语中的“同人”一词本意为“志同道合的人”。一般认为，正式意义上的同人作品起源于日本，来自于日语的“同人志”（dōjinshi），指的是一种不通过正规的发表渠道自助出版的刊物。[1] 关于同人作品的定义到目前为止也是众说纷纭，但基本含义是大致相同的，一般认为，同人作品就是同人同好者在原作或原型的基础上进行的再创作活动及其产物。[2] 广义上的同人作品就是用来与志同道合的人分享的作品，它的范围很广，可以是某部作品衍生出来的二次创作，也可以是非商业性质的原创作品，有文学、动漫、电影、游戏、音乐等多种形式。发源于日本动漫界的“同人志”起初并不涉及商业利益，纯粹是志同道合的“同人们”的自发创作和小范围传播，是基于对原作品或者原型人物的喜爱，带有自娱自乐的性质，因此原作品著作权人也很少向同人作品的作者追究侵权责任，况且同人作品的基数如果过于庞大，恰好说明原作品的受欢迎程度，很多原权利人甚至认为同人作品与原作是相互促进、互利互惠的关系。随着网络的普及，特别是移动互联网的快速发展及受到日本动漫文化的深刻影响，同人作品在我国青少年群体中，已经不知不觉形成一个巨大的圈子。各种同人志的发售和漫展的举办日益兴盛，使得同人作品已经形成相当规模，作为一种文化现象在我国开始受到广泛关注。如今我国的同人作品不再仅仅是日本动漫的衍生品。江南的《此间的少年》就是将金庸先

---

[1] 杨玲．粉丝小说和同人文：当西方与东方相遇［J］．济宁学院学报，2009（1）：46-51．

[2] 王峥．同人的世界：对一种网络小众文化的研究［M］．北京：新华出版社，2008：3．

生的《笑傲江湖》《射雕英雄传》和《天龙八部》等作品中的郭靖、黄蓉、杨康、令狐冲等角色名称设定在虚构异时空的汴京大学，演绎出了一个新故事。这其实是属于原创类的同人作品，它不同于演绎类同人作品，并没有在原作品的基础上进行再创作或续写，而仅仅使用了原作品中的人物名称、部分人物的性格特征和简单背景及部分单纯的人物关系。

（三）同人作品的发展历史

同人文化的起源较为广泛，从日本到西方国家再到中国都有同人作品的身影，以下笔者将介绍同人作品在不同国家的发展历史。

对于日本来说，同人文化在社会中具有相当大的影响力，日本的同人文化起源于20世纪70年代兴盛的漫画创作，这种自行出版的漫画刊物源自作者对动漫的热爱和欣赏，创作方式较为自由。最初只在各个同人社团中进行小规模的分享和流通，到20世纪80年代，日本一些大型的同人展会逐渐发展成为全国性的即卖会（comic market），大大促进了同人作品的产生、流通和交易，从此日本的漫画创作和同人文化都进入了高速发展期。此外，自20世纪90年代以来，同人作品的创作和出版也逐渐走向了专业化，不仅出现出专门印刷同人志的商业印刷商，使同人志得以进入商业市场进行销售，还涌现出许多全职同人作家，同人创作还变成了漫画爱好者成长为专业漫画家的一种发展路径。

日本的同人创作起源于漫画但却不局限于漫画领域，还延伸到了游戏、小说和动画领域，因此“同人”也成为ACG（Animation、Comic、Game）文化的用词。日本著名的三大同人奇迹《东方Project》《月姬》和《寒蝉鸣泣之时》所指的便是原创游戏作品及由此衍生的一系列动画、漫画、电影、歌曲等同人作品。

与日本不同，同人作品在西方国家被称为粉丝小说（fan fiction），它大多以欧美的流行小说和电视剧为创作源泉，借用原作中的人物角色等基本元素，按粉丝自己的理解和喜好对具体内容重新诠释、大胆革新，创作出完全不同于原著的故事。这种粉丝文化起源于20世纪30年代，而60年代风靡美国的科幻电视剧对粉丝小说的发展产生了深刻的影响，1967年美国出现了类似于“同人志”的粉丝杂志（Fanzine），有超过万名“航迷”（《星际迷航》的粉丝）参与撰写粉丝小说。1998年，美国还诞生了一个具有世界影响力的同人网站FanFiction. Net，它为粉丝小说提供了自由分享和传播的广阔平台，如今这个网站汇集了无数来自不同国家、不同语言的作者创作的粉丝小说，其原型作品已不再限于小说和电视剧，受欢迎的漫画、电影、游戏甚至戏剧都是粉丝们创作的灵感来源。创建于2008年的AO3（Archive of Our Own）也是一个由同人爱好者创造和管理的非商业非盈利的同人网站，目前拥有超过百万的注册用户和不计其数的同人作品，颇受欢迎。

欧美社会中原创作者对待同人作品的态度相对严厉，有的权利人一经发现就诉诸法律手段进行压制，如一向注重捍卫自己版权利益的迪士尼公司，如今迪士尼官方网站甚至还宣称自己拥有同人作品的版权。也有作者虽然对同人作品持包容态度，但也声明不会放弃对其追究法律责任，如《哈利波特》系列的作者J. K. 罗琳就曾公开表示支持粉丝创作，但前提是不得将同人作品商业化出版，以此谋利。[1] 可见欧美国家的同人作品面临较高的诉讼风险。

同人作品在中国由来已久，早在古代时期就已存在。不单是《易经》中出现的“同人”二字，我国四大名著中的经典人物自古至今都是同人创作的热门目标，例如根据陈寿的《三国志》中的历史事实改编而成的《三国演义》、沿用《水浒传》中的角色西门庆和潘金莲及其人物关系和故事背景而创作的《金瓶梅》、高鹗续写的《红楼梦》后四十回等作品。

我国现代同人作品主要受到日本同人文化的影响，较早的同人作品是以日本动漫《新世纪福音战士》为原型而创作的小说。随着互联网技术的发展和普及，人们借助现代数字技术接收、编辑和传播信息的方式更加高效方便，网络文化与同人文化的关系愈加密切，除了同人创作者常年活跃的各种贴吧和论坛，各大小说网站如起点中文网、晋江文学城、红袖添香等网站都在其中开辟了专门的收录同人小说的板块，《鬼吹灯》《盗墓笔记》等网络文学也成为大热的同人创作题材。早先的同人作品大多以日本动漫为创作原型，经过多年的发展，同人作品的创作逐渐延伸至国内的本土作品。进入 21 世纪后，同人创作的蓝本不再局限于动漫和小说，通俗影视剧甚至现实中的明星也能成为同人创作的源泉，但在同人文化圈内一般默认真人同人作品只能小范围地进行传播。

---

[1] J. K. 罗琳和华纳兄弟起诉了尝试出版哈利波特百科全书同人作品的粉丝，法院最终判决同人作品作者败诉。参见：Warner Bros. Entertainment, Inc. and J. K. Rowling v. RDR Books, 575 F. Supp. 2d 513 (SDNY 2008).

（四）同人作品的类型与合法性探讨

同人作品的类型十分丰富，按照不同的标准，可以作不同的类型划分。根据同人作品角色的来源不同，可分为作品同人和真人同人；根据表现形式不同，可分为同人小说、同人图画、同人电影、同人游戏、同人音乐等；按照与原作的表现形式是否相同为标准，又可以分为同质性同人和异质性同人。其中最具有法律意义的分类就是根据同人作品的独创性高低，将其分为非演绎类同人和演绎类同人，二者对于原作的依赖程度不同，非演绎类同人作品相对独立，而演绎类作品对原作的利用程度较高，因此二者的法律地位和可能引发的法律风险也不尽相同。

同人作品的创作初衷大多是出于粉丝的个人兴趣和热爱，把自己对原作品的二次创作放在某个特定的圈子和平台小范围的传播，与同好者互相欣赏和交流，获得大家的支持、认同和共鸣，一般不带有营利的目的。但随着同人作品的受众范围越来越广泛，其中蕴含的商机不容小觑，因此同人作者将其作品公开出版的例子屡见不鲜，或者有人就是出于商业性目的而进行同人创作，是“职业”同人作者。如果说此前原作者们选择对同人作品“睁一只眼闭一只眼”是因为其非营利性不会侵犯到自己的版权利益，那么有些未经权利人许可就出版的同人作品则激起了原作者们的愤怒。

同人作品并非某种新兴现象，也不是新鲜话题，其从诞生之日起就充满争议。同人作品究竟是对他人作品的改编、演绎还是合理使用，目前在我国理论界和司法实践中仍没有清晰的界定，而且其合法性问题始终未得到立法承认，法律规制处于比较模糊的状态,[1] 加之同人作品涉及的范围广泛、数量庞大且隐蔽，原作者往往难以花费大量的精力和财力进行一一处理，因此在现实生活中，与同人作品相关的案例并不常见，这也是为什么金庸诉江南案一经报道就吸引了社会各界的广泛关注，激起大家对同人作品著作权问题的热烈讨论。

（五）同人作品是否侵权的判定

国际上公认的著作权侵权判定公式是“接触+实质性相似”,[2] 这同样适用于对金庸诉江南案的分析。《此间的少年》作者江南确实接触过金庸的作品，所以是否侵权的判定关键在于是否构成实质性相似。《此间的少年》虽然使用了金庸作品中的角色名称、部分人物性格及部分人物的简单背景，但是单纯的人物名称、性格特征和简单背景等人物设置及人物关系并不具有可版权性。单纯的人物特征，如人物的相貌、性格等，或者单纯的人物关系，如兄妹关系、母女关系等，都属于公有领域的素材，不属于著作权法保护的对象。著作权法保护的作品要求具有独创性，思想不能够获得著作权法的保护，著作权法保护的是对思想的具体表达，此即所谓的“思想表达二分法”。一部具有独创性的作品，以其相应的故事情节及语句赋予作品所塑造的“人物”以独特的内涵，这些人物与故事情节和语句便一起成为著作权法保护的对象。[3] 因此，在判断一部

---

[1] 林莺．同人作品合法性问题探究［J］．中国版权，2015（5）：50.

[2] 王迁．知识产权法教程［M］．北京：中国人民大学出版社，2016：38.

[3] 参见庄羽与郭敬明等侵犯著作权纠纷案二审民事判决书北京市高级人民法院（2005）高民终字第539号。

小说是否侵权时应综合考虑人物特征和人物关系以及与之相应的故事情节，不能将二者割裂开来，必须将人物和叙事作为一个有机融合的整体来看待。《此间的少年》虽然使用了金庸作品中的郭靖、黄蓉、杨康、令狐冲等角色名称和部分简单的人物关系，如黄蓉的父亲叫黄药师且不幸丧偶、王语嫣生长于单亲家庭、郭靖从小在草原长大，等等，也有部分人物的性格与金庸作品相似，如黄蓉古灵精怪又娇生惯养，而郭靖则木讷老实且正直善良，但还有很多人物的性格与金庸作品中的人物性格区别非常明显，如《天龙八部》中阴险歹毒、报复心强、艳媚入骨的康敏在《此间的少年》中变身为豪爽正直、率真阳光且具有领导力的学生会主席；《笑傲江湖》中淡泊名利、潇洒不羁的道家式人物令狐冲在《此间的少年》里则是一个积极入世、有抱负但能力不足的“愤青”；等等。《此间的少年》并没有将故事情节的展开建立在金庸作品的基础之上，相似的情节也并不是很多。判断一部作品是否侵权，除了符合“接触”这一构成要件外，只有构成“实质性相似”才能被认定为侵犯了原作品的著作权。在庄羽诉郭敬明、琼瑶诉于正等著作权侵权案中，法院之所以支持原告的诉讼请求，是因为经过比对，被诉侵权作品与原告的作品之间有多处主要情节相似，以至于达到了一定的量，构成实质性相似。反观金庸诉江南案中，二者所描述的情节在历史背景、故事发生的时间和环境及具体细节表达方面则区别明显，如《此间的少年》中的段誉追求王语嫣的具体经过是通过晨跑、听音乐会、学习诗歌等方式体现的，这与《天龙八部》里段誉与王语嫣相爱并最终结为夫妇的故事情节完全不同。如果《此间的少年》在人物设置和人物关系方面与金庸作品完全相同，即在相同的人物名称、性格特征、背景环境和人物关系基础上展开新的情节，则属于续写。如高鹗续写的后四十回《红楼梦》与曹雪芹原著《红楼梦》里面的角色名字、性格特征、人物关系等完全相同，而且作品的故事情节也沿用了曹雪芹《红楼梦》的表达元素，属于演绎类的同人作品。若不是因为当时没有著作权法，这种未经原作品著作权人许可的续写行为则会产生著作权侵权风险。

综上所述，《此间的少年》与金庸作品的情节相似之处多属于“思想”层面的抽象情节，而不属于“表达”的范畴。版权法并不禁止复制思想[1]或者复制事实，只有思想或者事实得以表达的形式才是受版权法保护的。法院认为，虽然《此间的少年》使用了金庸四部作品中的大部分人物名称、部分人物的简单性格特征、简单人物关系以及部分抽象的故事情节，但《此间的少年》并没有将情节建立在金庸作品的基础上，基本没有提及、重述或以其他方式利用金庸作品的具体情节，而是在不同的时代与空间背景下，创作出不同于金庸作品的校园青春文学小说，且存在部分人物的性格特征缺失，部分人物的性格特征、人物关系及相应故事情节与金庸作品截然不同，情节所展开的具体内容和表达的意义并不相同。著作权法所保护的是作品中作者具有独创性的表达，即思想的表现形式，不包括作品中所反映的思想本身。脱离了具体故事情节的人物名称、人物关系、性格特征的单

---

[1] ［美］理查德·波斯纳．论剽窃［M］．沈明，译．北京：北京大学出版社，2010：17．（思想被宽泛地定义为包括表达性作品除了精确语词或其他表达细节之外的很多方面，例如体裁、基本叙述结果以及主题或者意旨。）

纯要素，往往难以构成具体的表达。因此，《此间的少年》是杨治重新创作的文字作品，并未侵害金庸所享有的改编权、署名权、保护作品完整权。但是，法院认为，金庸作品中的人物名称、人物关系等元素虽然不构成具有独创性的表达，不能作为著作权的客体进行保护，但并不意味着他人对上述元素可以自由、无偿、无限度地使用。虽然杨治创作《此间的少年》时仅发表于网络供网友免费阅读，但在吸引更多网友的关注后便出版发行以获得版税等收益，其行为已具有明显的营利性质，而且在2002年首次出版时还将书名副标题定为"射雕英雄的大学生涯"，将自己的作品直接指向金庸作品，其借助金庸作品的影响力吸引读者获取利益的意图尤为明显。杨治在图书出版、策划发行领域包括图书销量、市场份额、衍生品开发等方面与原告均存在竞争关系，双方的行为应当受到我国反不正当竞争法的规制。因此，杨治的行为具有不正当性，与文化产业公认的商业道德相背离，应为反不正当竞争法所禁止。[1]

该案的一审判决结果再次引发了法学界关于反不正当竞争法与知识产权法关系的思考，以及对反不正当竞争扩展保护的限度问题的探讨。张伟君教授认为，《此间的少年》仅使用了金庸作品中的人物名称、性格特征和人物关系等抽象元素，这种模仿或借用并不会对金庸的文学作品带来不利的影响，也不会挤占原作者的创作空间，若一味加以禁止，反而不利于文学创作的自由和

---

[1] 参见广东省广州市天河区人民法院民事判决书（2016）粤0106民初12068号。

繁荣。[1] 笔者对此表示赞同。知识产权专门法不能保护的对象，可以受到反不正当竞争法的保护，但是法院应该按照反不正当竞争的侵权构成要件进行审查，给此类案件的审理和判决提供一个清晰的法律指引，毕竟这一案件号称“国内同人作品第一案”，该案的判决结果对于我国同人作品的发展以及侵权认定的意义非同小可。

我国《著作权法实施条例》第 21 条规定：“依照著作权法有关规定，使用可以不经著作权人许可的已经发表的作品的，不得影响该作品的正常使用，也不得不合理地损害著作权人的合法利益。”《最高人民法院关于充分发挥知识产权审判职能作用推动社会主义文化大发展大繁荣和促进经济自主协调发展若干问题的意见》第 8 条明确规定：“正确认定合理使用和法定许可行为，依法保护作品的正当利用和传播。在促进技术创新和商业发展确有必要的特殊情形下，考虑作品使用行为的性质和目的、被使用作品的性质、被使用部分的数量和质量、使用对作品潜在市场或价值的影响等因素，如果该使用行为既不与作品的正常使用相冲突，也不至于不合理地损害作者的正当利益，可以认定为合理使用。”这些都为判定同人作品的合理使用指明了方向。金庸诉江南案的判决结果或对今后同人作品的发展具有深远的意义。每一个引起广泛关注和争议的案件，都会在一定程度上推动法治发展的进程。如果能够在维护在先著作权人合法权益的同时，营造宽松、兼容并蓄的创作环境，实现作者利益与公众利益之间的平衡，将更有利于促进我国社会主义文化大发展大繁荣，推动知

---

[1] 张伟君．从“金庸诉江南”案看反不正当竞争法与知识产权法的关系［J］．知识产权，2018（10）：23.

识产权法律制度不断走向完善。

二、同人作品的侵权风险与合理使用[1]

（一）同人作品侵权风险的法律探析

同人作品不断发展壮大的势头及其对传统著作权法带来的冲击不容小觑。同人创作不能等同于“剽窃”，有的同人作品确实具有一定的“独创性”，作者加入了新的创作元素，而不是简单地复制或者改头换面地使用他人的作品。即便如此，同人作品依旧面临侵犯他人著作权的法律风险。

1. 同人作品可能侵犯的著作人身权

著作权人对自己作品享有的权利包括著作人身权和著作财产权。著作人身权又被称为精神权利，是作者基于体现在作品中的人格和精神利益而享有的权利。作为作者人格和精神的延伸，著作人身权具有不可转让和永久性的特征。根据我国著作权法的规定，著作人身权包括发表权、署名权、修改权和保护作品完整权四种。若同人作品的作者没有得到著作权人的授权或许可，则不可避免地会与原作品的各类权利产生冲突。

（1）同人作品与署名权的冲突。

根据我国《著作权法》第 10 条第 1 款的规定，署名权是指表明作者身份，在作品上署名的权利，它是联系作者与作品的纽

---

[1] 本节内容由李贤撰写初稿，孙玉荣修改后定稿，主要内容发表于《科技与法律》2020 年第 6 期，作者：孙玉荣、李贤。

带，向公众表明了作品的创作者，不仅能为作者带来良好的口碑、声誉和威望等精神满足，而且这种精神利益在日后还会衍生一定的经济利益。

同人作品是爱好者们出于自娱自乐创作出的作品，一般仅在相关的同人圈内分享和传播，考虑到圈内粉丝都对原作品及其作者有着充分的了解，同人作品一般不会再署上原作者的名字或者对文中人物形象、角色关系和故事背景等非原创元素的来源和出处进行单独的说明。而且，同人创作的蓝本一般都是热门、受欢迎的作品，同人作品或多或少都依托了原作品或者原作者的名气及影响力，让人觉得为原作者署名一举更无必要。这种现象十分普遍但不意味着合法，因为根据我国《著作权法实施条例》第19条的规定，使用他人作品的，应当指明作者姓名、作品名称；但是，当事人另有约定或者由于作品使用方式的特性无法指明的除外。此外，《伯尔尼公约》第10条也规定，使用作品时，应当指明出处，如原出处有作者姓名，也应同时说明。[1] 所以，无论是非演绎类同人作品还是演绎类同人作品，只要借用了原作品的内容都应当署上原作者的名字或者在前言、后记、作品介绍中进行声明，否则即属于侵权行为，著作权人有权对其追究法律责任。由于署名权属于著作人身权，体现作者的人身利益，与权利主体不可分离，无论同人作品是否被用于营利都应当体现对作者署名权的尊重。特别是随着信息网络传播技术的发展，同人作品的传播范围和影响力不再限于小众人群，这极有可能会混淆普通读者对原作和衍生作品的认识，误解原作所要传达的思想、理念和价值观等。这不仅会给原作者带来困扰，还可能进一步影响原

[1] 《保护文学艺术伯尔尼公约》第10条第3款。

作的潜在销量，造成著作权人的经济损失。

（2）同人作品与保护作品完整权的冲突。

根据我国著作权法的规定，保护作品完整权是指保护作品不受歪曲、篡改的权利。保护作品完整权的意义在于维护作品中的思想和原创性表达与作者的内心保持一致，防止他人随意扭曲作品甚至丑化作者。对侵害保护作品完整权行为的认定，我国司法实践中出现了主观和客观两种不同的判断标准，主观标准认为只要违背作者意思对作品进行了改变就构成对保护作品完整权的侵犯；客观标准认为只有对作品的“歪曲、篡改”的行为在客观上造成作者声誉的损害时才构成对保护作品完整权的侵犯。[1] 但根据《伯尔尼公约》第 6 条第 2 款的规定，即“不受作者财产权的影响，甚至在上述财产权转让之后，作者仍保有主张对其作品的著作者身份的权利，并享有反对对上述作品进行任何歪曲或割裂或有损于作者声誉的其他损害的权利”，[2] 可以看出国际知识产权公约中对于侵害保护作品完整权行为的判定采取了客观标准，换言之，只有当行为人改变原作的行为在客观上造成原作者声誉的损失时，改变作品的行为才是对保护作品完整权的侵犯。笔者采纳客观标准，对演绎类同人作品和非演绎类同人作品分别探讨。

①演绎类同人作品。演绎类同人作品的创作需要以原作为依托，虽然在人物设置、故事背景和剧情走向等方面受到一定的来自原作的限制，但正所谓“一千个读者眼中就有一千个哈姆雷特”，成长背景、生活环境和人生阅历的不同会导致后续创作者

---

[1] 李扬. 著作权法基本原理［M］. 北京：知识产权出版社，2019：173.

[2] 《保护文学艺术伯尔尼公约》第 6 条第 2 款。

对作品的理解与原作者产生偏差，这也就是为何 J. K. 罗琳在接受专访时虽然表示对粉丝创作的支持，但依旧强调粉丝应该支持自己的观点和设定。即使同人作品在思想内涵、价值取向或者表达风格上与原作存在差异，但仍不足以认定演绎类同人创作必然会侵害著作权人的保护作品完整权。例如旨在对某些作品或者某种社会现象进行讽刺、嘲弄和批判的滑稽模仿作品，是一种特殊形式的文艺作品，有学者认为这并不是著作权法意义上的“损害”，而著作权法更不应当限制公众对作品的内容和思想感情进行评论的自由。[1] 但是当同人作品恶意扭曲人物形象、篡改情节，强行将原作品与暴力、血腥和色情等低俗内容联系起来，致使原作品及其作者在道德和艺术层面的评价降低时，就破坏了原作品的完整性，致使作者的精神利益受到损害。在同人圈，这类色情、违背伦理的作品并不少见，如 1999 年的“任天堂皮卡丘 YAOI 拘捕事件”，一名以《宝可梦》（《宠物小精灵》）中的角色创作色情同人志的同人作者就因此遭到了法律制裁。

②非演绎类同人作品。对于非演绎类同人作品来说，它通常只借用了原作的主题或单纯的人物角色等不具有可版权性的元素，架空原作内容进行创作，其核心部分是具有原创性并且独立存在的，与原作的关系较为疏远。人们往往很轻易地就能分辨出二者的关系，由于其故事梗概、创作构思或内容安排上与原作差异巨大，读者在阅读的过程中难以将同人作品的具体情节、场景和流露的情感联想至原作，自然也就不存在对原作者及其作品产

[1] 王迁．论认定“模仿讽刺作品”构成“合理使用”的法律规则——兼评《一个馒头引发的血案》涉及的著作权问题［J］．科技与法律，2006（1）：18-25.

生误解继而对作者的名誉和声望造成损害的情形，因此不会构成对保护作品完整权的侵犯。

2. 同人作品可能侵犯的著作财产权

我国著作权法规定著作权人对自己的作品享有一系列财产权利，包括复制权、发行权、出租权、展览权、表演权、放映权、广播权、信息网络传播权、摄制权、改编权、翻译权、汇编权及应当由著作权人享有的其他权利，其中最有可能与同人作品发生冲突的就是“改编权”。若同人创作行为落入了“改编”的范畴，则根据我国著作权法的规定，改编他人作品应当事先取得著作权人的许可并支付报酬，否则即构成侵权。

根据我国《著作权法》第 10 条第 1 款的规定，改编权是指“改变作品，创作出具有独创性的新作品的权利”。在我国，演绎权属于学理上的概念，它被细分为改编权、翻译权和摄制权。改编权属于演绎权的一种，其最关键的核心要素在于保留原作品的原创性表达和附加新的原创表达，这也是改编权所控制的两个核心环节。[1] 从改编行为的方式来看，同人作品作为一种基于原作而产生的二次创作，其表现形式可能是小说，也有可能是图画、游戏等作品，并没有局限于原作的作品类型，但这并不否定同人作品具有构成改编作品的可能性。

（1）非演绎类同人作品一般不侵犯改编权。

根据“思想表达二分法”，著作权法保护的不是思想而是对思想的具体表达。在文学作品中，“表达”除了表现为具体的文

---

[1] 张玲玲，张传磊．改编权相关问题及其侵权判定方法［J］. 知识产权，2015（8）：28-35.

字组合和遣词造句等，文中的具体故事情节也是一种“表达”，[1]而文章的主题、创作风格、角色和人物关系设置等抽象信息属于思想的范畴。司法实践中，法院也认为单纯的人物特征或者单纯的人物关系并不属于著作权法保护的对象。只有当相应的故事情节及语句赋予了这些人物独特的内涵时，这些人物与故事情节和语句才一起成为著作权法保护的对象。[2] 对于非演绎类同人作品来说，其利用原作的元素较少，通常是借鉴其中的人物名称、人物的性格特征、简单的人物关系和世界观等元素，架空原作的内容进行创作，其中描绘的故事情节、塑造的人物个性及其所要表达的价值情感都与原作截然不同，“穿越”同人小说即是典型代表。以《此间的少年》为例，江南虽然使用了金庸作品中的诸多人物姓名、简单的人物关系及身世，但其将故事背景设定在异时空的汴京大学，讲述的是现代青春校园故事，与金庸所构建的侠骨柔肠、快意恩仇的江湖世界相去甚远。从读者的角度而言，人们在阅读此类小说的时候也很难找到原作的影子，顶多回忆到相关的作品，却不会联想到其中的具体情节。换言之，非演绎类同人作品即是对原作中的人物进行标识性地使用，不保留原作中的原创性表达，因而其不符合“改编”的构成要素，一般不侵犯著作权人的改编权。

（2）演绎类同人作品与改编权的冲突。

对于演绎类同人作品来说，粉丝们或是出于表达对原作的热

[1] 王迁．同人作品著作权侵权问题初探［J］．中国版权，2017（3）：9-13.

[2] 参见庄羽与郭敬明等侵犯著作权纠纷案二审民事判决书北京市高级人民法院（2005）高民终字第539号。

爱，或是为了弥补原著的缺憾，再或是发表自己的独特想法。在创作过程中除了必须借用的人物名称，同人作者们为了发展出新的故事情节和人物命运，要在原作的基础上进一步挖掘可能存在的线索和伏笔，因此，在创作时还时常不得不承继原作中的人物鲜明的性格特征、错综复杂的人物关系、故事背景甚至其中的部分具体情节，这样才能使得续写作品更具完整性，不至于使读者一头雾水。例如典型的续写小说《红楼梦》，高鹗后续的四十回就与前八十回联系十分紧密，并且高度依赖于原作，这实际上构成了对原作品表达的实质性利用，属于表达形式的实质性相似。[1] 那么，根据“接触+实质性相似”的著作权侵权判定公式，[2] 这种行为就可能构成侵权。如果作者并未将演绎类同人作品公开发表，仅限于自我欣赏、自娱自乐，不以此牟取经济利益，那么这种创作行为一般也不会给著作权人带来经济损失，何况有时著作权人都难以知晓这一情况，因此在这种情况下同人作品的作者往往没有被追究侵犯著作权的法律责任。

（二）同人作品与著作权合理使用制度

同人作品虽与著作人身权和著作财产权之间存在冲突，具有一定的侵权风险，但任何一项创作都离不开现有知识成果的启发和引导，著作权法的核心意义不仅在于保护作者的权益，同时也要兼顾公众获取和利用社会信息的自由，在创作者、传播者和使用者之间实现利益的平衡。实践中，同人创作者经常使用的侵权

[1] 王迁．同人作品著作权侵权问题初探［J］．中国版权，2017（3）：9-13.

[2] 王迁．知识产权法教程［M］．北京：中国人民大学出版社，2016：38.

抗辩是合理使用制度。从著作权人的角度看，合理使用制度是对著作权的限制。如果从被控侵权人的视角来看，合理使用则是一种抗辩制度。

著作权“合理使用”制度自诞生至今，依然是一个复杂而令人困惑且争论不休的问题。国内外知识产权法学理论界和实务界也从未停止关于合理使用的界定及其构成要件和判断标准等问题的讨论。我国学者对著作权合理使用的界定在表述上也不尽相同。郑成思先生认为，合理使用是指在利用有版权的作品时，既不需要取得著作权人的同意，一般也不需要支付报酬，而且不构成侵权。[1] 吴汉东教授指出，所谓的合理使用是指在法律规定的条件下，不必征得著作权人的同意，又不必向其支付报酬，基于正当目的而使用他人著作权作品的合法行为。[2] 在我国已经加入的1971年《伯尔尼公约》第9条规定：“本同盟成员方法律得允许在某些特殊情况下复制上述作品，只要这种复制不损害作品的正常使用也不致无故侵害作者的合法利益。”之后的TRIPS协议和《世界知识产权组织版权条约》（WCT）等国际条约也逐渐确定了“三步检验法”的标准：（1）要在特定、特殊情形下；（2）不得影响该作品的正常使用；（3）不得不合理地损害著作权人的合法权益。我国《著作权法》第22条及《著作权法实施条例》第21条关于合理使用制度的相关规定既是作为缔约方履行国际义务的需要，也有受大陆法系立法传统影响的因素。《美国版权法》第107条关于合理使用四要素标准的制定，在美国也曾受到一些法官和学者的

[1] 郑成思．知识产权法通论［M］．北京：法律出版社，1998：124.

[2] 吴汉东．著作权合理使用制度研究［M］．北京：中国政法大学出版，1996：144.

诘难，但为世界上众多知识产权法学者所称道，而且目前仍是被世界各国广泛认可的合理使用判断规则。在我国《著作权法》第三次修订草案的制定过程中，也有专家提出借鉴美国立法模式将合理使用判断标准的四要素写进我国著作权法的建议。《最高人民法院关于充分发挥知识产权审判职能作用推动社会主义文化大发展大繁荣和促进经济自主协调发展若干问题的意见》第 8 条关于“考虑作品使用行为的性质和目的、被使用作品的性质、被使用部分的数量和质量、使用对作品潜在市场或价值的影响等因素”正确认定合理使用行为的规定即是参照《美国版权法》第 107 条的结果。鉴于四要素标准的高度概括和抽象，需要在具体案例中结合个案事实加以分析，本文就以《此间的少年》为例，结合我国著作权相关立法规定运用四要素标准来审视同人作品构成合理使用的可能性，进行如下分析。

1. 使用行为的性质和目的

同人创作要构成我国《著作权法》第 22 条规定的“个人使用”情形，首先应当满足“为个人学习、研究或者欣赏”的要求。倘若同人作者完成创作后并没有公开发表，仅限于自我欣赏或小范围地与他人分享，社会公众无法接触，可以认定符合构成合理使用的这一情形。但从现代同人作品在中国萌芽的初期，同人创作就与网络流行文化的发展息息相关，互联网改变了人们发表、传播和使用作品的方式，由于互联网具有的开放性、交互性，人们接触和利用他人作品的途径大大增加。同人创作一方面是出于表达对原作的热爱，另一方面也是为了与其他共同爱好者沟通交流，获得他人的认同，因此同人作品大多发表在公开的论坛、贴吧等社交平台或者专门的小说网站中。随着信息传播技术的升级和网络文学的蓬勃发展，同人爱好者按照个人想法重新演绎的作品得以更加便捷地在广阔的平台进行分享和传播，这一点在给同人创作者带来极大精神满足的同时也使其难以再符合“个人使用”的目的。其次，合理使用的目的应当是非商业性的，若同人作品完成后被用于商业用途进行谋利，则更难构成合理使用。美国版权法将“具有商业性质或是为了非营利的教育目的”作为识别使用目的“合理性”的标准，早期美国法院的判例在解释使用目的时也将商业性使用判定为“不合理”。随着“转换性使用”理论被提出，其在合理使用判断标准中的地位日益提升，成为构成合理使用判断标准的核心要素。“转换性使用”，是指对原作品的使用并非为了单纯地再现原作品本身的文学艺术价值或实现其内在功能或目的，而是通过增加新的美学内容、新的视角、新的理念或通过其他方式，使原作品在被使用过程中具有了新的价值、功能或性质，从而改变了其原有的功能或目的。[1] 美国版权法中并没有规定所谓的“转化性使用”的概念，它的出现是因为美国法官在个案中理解和运用“使用目的和性质”等要素判断合理使用时分歧很大，出现同案不同判的司法乱象。这一理论最早由美国大法官皮埃尔·列瓦（Pierre N. Leval）在《论合理使用标准》（“Toward a Fair Use Standard”）一文提出，即若二次使用行为基于或利用原作品增加了新表达、新意义或新功能，则该行为通过转换原作品使用目的或方式构成合理使用。[2] 这一观点在 Campbell v. Acuff-Rose Music 案[3]中被

---

[1] 王迁．知识产权法教程［M］．北京：中国人民大学出版社，2019：213.

[2] Pierre N. Leval. Toward a Fair Use Standard［J］. Harvard Law Review, 1990（103）.

[3] Campbell v. Acuff-Rose Music，510 U. S. 517（1994）.

美国联邦最高法院所采纳，在 Campbell 案中，Live Crew 乐队将歌曲“Oh，Pretty Woman”在保留基本旋律的基础上，通过改变曲风和重新填词，对原歌曲的内容进行了嘲讽和讽刺，属于滑稽模仿作品，法院认定该使用行为构成转换性使用。美国版权法规定使用行为的性质和目的包括“具有商业性质或是为了非营利的教育目的”，一般认为，为了营利而无偿使用他人作品有悖于公平原则，法院倾向于否定商业性行为构成合理性使用。在 Campbell v. Acuff-Rose Music 案、Suntrust Bank v. Houghton Mifflin Co. 案[1]中被告都将自己的作品进行了商业使用，法院却认为其使用行为可构成合理使用，由此可见，在构成转换性使用的情况下，使用行为的商业性质对是否构成合理使用的影响被弱化，并且使用作品具有的转换性越强，越易被认定为合理使用。随着这一判断规则在司法实践运用中的日渐成熟，其适用的“领地”不再仅仅局限于滑稽模仿作品，适用范围逐渐扩大。[2] 我国司法审判中也开始对其进行借鉴，典型的案例如王莘与北京谷翔信息技术有限公司等著作权纠纷案。在该案中，法院认为，被告对于原告作品的传播行为并非为了单纯地再现原作本身的文学艺术价值或者实现其内在的表意功能，而在于为网络用户提供更多种类、更为全面的图书检索信息，从而在更大范围内满足网络用户对更多图书相关信息的需求。这一行为已构成对原告作品的转换性使用，不会对原告对其作品的正常使用造成影响，亦不会不合

---

[1] Suntrust Bank v. Houghton Mifflin Co.，268 F. 3d 1257 (11th Cir. 2001).

[2] 晏凌煜．美国司法实践中的“转换性使用”规则及其启示［J］．知识产权，2016（6）：123-128.

理地损害原告的合法利益。[1] 从判决中可以看出涉案信息网络传播行为并未改变原作的具体内容加以新的表达，而是将传播行为的目的从再现原作转换成提供图书检索信息，因而属于目的转换性使用。[2]

在知识产权法学理论界，我国有不少学者支持在合理使用中确立“转换性使用”的独立地位，认为应当将其纳入《著作权法》第 22 条“为介绍、评论某一作品或者说明某一问题，在作品中适当引用他人已经发表的作品”这一法定合理使用类型中。[3] 但也有学者指出由于“转换性”这一概念本身具有模糊性，美国理论界与司法界对转换性的判断标准存在分歧，导致各法院对其认定与适用存在混乱且不统一的现象，进而模糊了版权保护边界。[4]

笔者认为，判断同人作品究竟属于演绎作品还是构成转换性使用，在于其是否侵犯了原作的改编权，根据前文对不同类型同

---

[1] 参见北京市第一中级人民法院（2011）一中民初字第 1321 号民事判决书。

[2] 有学者认为转换性使用包括对原作进行内容转换和目的转换：“内容转换，即改变原作品的表达内容或方式，或实现对原作品的批判或评论，或借助原作品内容构造新的表达；目的转换，即在不改变原作品同一性的情况下，以区别于原使用目的的方式利用作品”。参见：熊琦.“用户创造内容”与作品转换性使用认定［J］. 法学评论，2017（3）：64-74.

[3] 熊琦.“用户创造内容”与作品转换性使用认定［J］. 法学评论，2017（3）：64-74.

[4] 冯晓青，刁佳星. 转换性使用与版权侵权边界研究——基于市场主义与功能主义分析视角［J］. 湖南大学学报（社会科学版），2019（5）：134-143.

人作品与改编权的冲突的分析，可见非演绎类同人作品构成转换性使用的可能性较大，《此间的少年》对金庸小说的元素的使用即具有明显的转换性。首先，江南在《此间的少年》中借用原著的人物形象并不是为了单纯地再现原著中由人物、情节和环境所构建出的恢宏武侠世界，而是借用部分元素，改变原作的具体内容和表达，创作出了全新的故事，其内在核心并不依赖于原著，而是实现了作者自己所要表达的内容和情感，具备了新的价值和意义；其次，同人小说风靡的一大原因也在于读者热衷于一边看自己熟悉的角色演绎另类的桥段与故事，一边与原作品暗暗对照，形成鲜明反差，产生了新的审美价值，因此江南创作《此间的少年》的行为并未对金庸武侠小说起到实质性替代作用。江南最初也是出于好玩的目的将小说发表在论坛中供网友免费欣赏，后来竟出乎意料地变成其真正意义上的成名作。正如学者所言，转换性使用推进了著作权立法促进文艺发展的终极目标。[1]

2. 被使用作品的性质

“被使用作品的性质”作为判断合理使用的构成要素，也是一个令人困惑且容易混乱的问题。美国判例中涉及这一要素的内容也很少，因此理解起来更显抽象。区分作品的性质可对作品进行不同的分类，如未发表作品和已发表作品、虚构作品与纪实作品、视听作品与印刷作品等。根据我国《著作权法实施条例》第 21 条的规定，使用的作品应当是已经发表的作品。另外，只有具有“独创性”的表达才能成为著作权法意义上的作品，为了鼓励作者的创作性劳动，著作权法对于独创性程度更高的作品

---

[1] 王迁．知识产权法教程［M］．北京：中国人民大学出版社，2019：213.

保护力度更大。不同类型的作品其独创性的高度各不相同，一般来说，虚构作品的合理使用标准判断要严于纪实作品。由于纪实作品反映出来的各种客观事实如历史记录、人物传记、地理环境等客观对象并不属于著作权法保护的范围，从其发生的那一刻就进入了公共领域，可以为所有人自由地使用进行文艺创作。

同人作品的创作类型繁多，数量可观，其共性在于都以他人的创作为基础，不论同人作品与原作的关联性强弱，即便是基于新鲜的想法、独立的思考和截然不同的故事内容进行的，也必定是把原著所塑造的现成人物拿去开展创作，否则就是全新的原创而不属于同人作品了。同人创作有时不仅是出于对原著人物的喜爱，而且在于这种创作方式可以“偷懒”，使用人们耳熟能详的人物进行二次加工，可在故事之始就在读者脑海中留下大致的人物轮廓，这样既不用费力尽心地刻画角色特征，又可省略大量绵密的铺垫，推进故事情节发展，[1] 这也相当符合网络文学速写速读的模式。然而，人物形象通常是文学作品中的核心要素，刻画人物角色需要作者在作品中结合故事情节和环境描写进行，特别是对于原创的虚拟人物来说，人物的力量体现在作者的个性化表达，作者为塑造个性鲜明的人物往往倾注了大量心血，是作者创作力和劳动力的结晶，具有高度的独创性和可识别性，使公众看到某一人物角色马上就能联系到原著及其作者。同人作品借用他人角色进行创作的行为也激发了知识产权法学界关于虚拟人物形象著作权保护问题的讨论，有学者认为具体化、个性化的情节与

---

[1] 许苗苗．网络小说：类型化现状及成因［J］．文艺评论，2009(5)：32-36.

角色应受版权保护。[1] 由此可见，同人作品创作时对虚构作品的使用限度应当小于纪实作品，使用虚构作品构成合理使用的可能性更小。

3. 被使用部分的数量和质量

被使用部分的数量和质量，即使用他人作品的程度，可以从数量和实质两方面进行分析。一般来说，被使用作品部分的数量越多，价值越高，就越难构成合理使用。同人作品要构成我国《著作权法》第22条规定的“适当引用”情形，关键在于同人创作时对原作的依托应当处在“适当引用”的范围内。我国著作权法没有对何为“适当引用”作出明确的解释，导致司法实践中缺失统一的判断标准。有学者认为“适当引用”的判断标准可从两个方面进行考量：（1）被引用作品的“量”，即引用部分与被引用作品在数量上的比重，若引用比例过高，就不构成合理使用；（2）被引用作品的“质”，即引用部分在原作中的地位，若引用部分构成被引用作品的实质内容，即便数量较少，也难以构成合理使用。[2] 也有学者认为在判断引用是否为“适当引用”时，应特别注意对原作品的使用是否构成转换性使用以及“转换性”的程度。[3] 在美国谷歌图书馆案中，谷歌公司为建立数字图书馆，未经作者的许可，对许多享有版权的图书进行全文扫描并复制，为此其经历了长达数年的侵权之诉。最终美国地区

---

[1] 卢海君．同人创作、同人作品与版权责任——《此间的少年》案所引发的思考［J］．中国出版，2017（11）：53-56.

[2] 黄玉烨．著作权合理使用具体情形立法完善之探讨［J］．法商研究，2012（4）：22.

[3] 王迁．知识产权法教程［M］．北京：中国人民大学出版社，2019：213.

法院和第二巡回上诉法院都认定谷歌公司的行为构成合理使用而判决其胜诉，理由在于法院认为不能片面地因为对作品的使用数量和比例较大就排除其构成合理使用的可能性，而应当结合其使用行为的目的进行判断。[1] 在该案中，谷歌公司将图书进行全文复制的目的在于使搜索引擎能够更加全面、高效地对目标进行检索，故其使用作品的行为与其为公众提供图书资源信息的目的相适应，而对于实现该目的是合理而必要的。

在 Harper & Row v. Nation Enterprises 案[2]中，被告《国家报》（*Nation Enterprise*）在报纸文章中未经允许擅自引用并披露了美国前总统福特尚未出版的回忆录《治愈时刻》（*A Time to Heal*）中的内容，虽然被告从 20 多万字的手稿中只引用了大约 300 个字词，并且这些引用是从作品不同部分的孤立段落中摘录的，但法官认为，被告实际引用的部分是作者最有力的段落之一，包含作者的思考和看法，充满了情感和深刻的个人价值判断，因此，整篇文章足以侵蚀福特先生作品的潜在销售市场，因而法官驳回了被告行为构成合理使用的抗辩。可见，被使用部分的数量及其重要性这一要素在考量是否构成合理使用的标准中具有一定的弹性，应该根据个案情况具体分析。

同人作品所借用的原著中的角色名称、人物性格和人物关系等始终贯穿在作品之中，引用的数量看似较多，对构成合理使用的认定较为不利。演绎类同人作品对原作的引用无论是从量还是从质的方面都已经逾越了“适当”的界限，而某些恶意扭曲、

---

[1] The Authors Gurld, Inc., and Betty Mrles, Joesph Goulden, and Jim Bouton v. Google Inc. 954 F. Supp. 2d 282 (2013).

[2] Harper & Row v. Nation Enterprises, (1985) No. 83-1632.

篡改原作，破坏了原作完整性的非演绎类同人作品则已脱离了“介绍、评论或是说明某一问题”的范畴，亦不能被纳入合理使用的范围。但“被使用部分的数量和质量”这一因素不是判断构成合理使用的核心要素。衡量该因素的目的在于判断使用行为是否会实质性替代原作，给原作品市场造成不良影响。尽管江南在《此间的少年》使用了金庸多部武侠小说中的人物角色，但从使用的程度来看，此小说只是借用了人物名称、简单的人物性格特征和人物关系，在没有添加具体情节的情形下，仅凭这种单薄的元素难以刻画出生动丰满的人物形象，进而反映原作的思想内涵和价值内核，不构成金庸小说的实质性替代，因而属于合理使用。

4. 使用行为对作品潜在市场或价值的影响

使用对作品潜在市场或价值的影响，即使用结果对原作造成的影响，被认为是合理使用四要素判断标准中最重要的一个。合理使用是著作权人的经济权利在一定程度上的让渡，只有使用结果对原作造成的影响达到一定程度，才认为是超越了合理使用的范围。[1] 同人作品给原作带来的并非单一的积极促进或者消极影响，而是好坏兼而有之。好的一面是同人作品的出现不仅反映了原作的受欢迎程度，由于同人作品在网络上公开、免费传播的特性，更相当于在为原作做免费宣传，它的出现往往增加了原作的曝光率，间接地扩大了原作影响力。另外，同人作品的大众化使更多人乐于接纳和包容与原著设定不同的思想观点，优秀的同人作品不仅受到爱好者和粉丝们的热捧，还会吸引普通大众的关

[1] 于玉，纪晓昕．我国著作权合理使用判断标准的反思与重构［J］．法学论坛，2007（3）：90-96.

注，实践中不乏因为喜欢同人作品进而喜爱原作的例子，甚至还能促使没有接触过原作的新受众去购买原作，在客观上推动了原作的销售，对其市场起到积极的影响。

使用结果对原作造成的影响不仅包括实际发生的，还包括潜在发生的，但是同人作品是否会对原作潜在市场或价值产生较大的影响不能一概而论。非演绎类同人作品，以《此间的少年》为例，是在借用少量原作素材的基础上进行的全新创作，具备了全新的思想内容和功能价值，可构成转换性使用。金庸小说构建的武侠世界展现的是江湖人的侠骨柔肠，折射人间的沧桑百态；江南在《此间的少年》讲述的是现代大学生活故事，表达的是青春年少的浪漫情怀。金庸即便续写其作品也不太可能会颠覆文中的历史背景、重新塑造人物的个性特征和重置人物关系进行异时空创作，两者无论是从市场认知度、出版市场和目标读者等方面都存在较大的差异，所以该同人作品既不会引发读者的混淆，也难以对原作形成实质性替代，不会降低原作的市场经济价值。而对于演绎类同人作品来说，特别是续写类作品，如前传后续或是挖掘原作支线创作的平行小说，暂时未对原作现有市场产生影响不意味着其不会损害原作品的潜在市场，因为对于许多作品而言，其经济价值的完全实现还有赖于后续创作。这类同人小说依托原著塑造的人物或对原著中原本着色不多的角色进行再加工和再利用，增添新情节。基于对原作所塑造的人物形象的理解，演绎类同人作品很有可能与原作者的后续创作思路一致，而这类同人作品一旦出现，就干扰或阻断了原作向某个方向创作，否则便有“抄袭”粉丝创意的嫌疑。《三体 X》是宝树以刘慈欣的著名科幻小说《三体》为蓝本，借用其中的人物角色，沿用小说中的空白支线创作的一部同人小说，并且完成了商业出版。当

《南方日报》记者采访刘慈欣，询问其对同人小说的看法时，他明确表明，他并不希望其他人来写他的小说续集，如果有人把他的想法提前写了出来就意味着把他创作的路堵死了，这对原创作者的影响十分巨大。在这种情况下，即使同人作者不以营利为目的，仅将作品发表在公共平台上供大家欣赏，且尚未得到实质的经济利益，但也在无形中侵占了原作的预期市场，造成实质性替代，从而影响其经济价值。这正是许多著作权人无法容忍同人改编的原因之一。

综上所述，同人作品能否构成合理使用这一问题并没有绝对肯定或否定的回答，应该根据上述“四要素标准”对个案进行具体分析，赋予法官自由裁量权，更多地考虑从同人作品的表达方式、创作动机、作品用途、对原作的依赖程度以及对原作的影响等方面考虑具体案件中的同人作品是否符合合理使用的情形，平衡好著作权人和作品使用者之间的利益关系，以避免或减轻法律移植造成的水土不服。

纵观历史，同人作品不仅是文学艺术繁荣发展进程中的重要组成部分，也是网络时代文化自由创新的体现。同人作品有其存在的艺术价值和法律基础，一味对其加以禁止，不仅不利于实现著作权法鼓励作品的创作和传播的立法目的，也是不现实、难以推行的，应当建立有效的规范机制，引导同人创作健康、有序的发展。合理使用制度可以为同人作品提供合法性基础，并且从同人作品的创作特点来看，它具有符合“转换性使用”的可能性。虽然我国的立法中并没有关于“转换性使用”的界定，但在司法实践中已经开始大胆地借鉴和尝试，这对促进我国著作权合理使用制度的日臻完善具有重要意义。

第六章　短视频著作权问题研究[1]

一、概述

随着信息网络技术的发展和移动智能通信设备的普及，短视频成为人们社交和娱乐的新方式。随着社会生活节奏的加快和时间越来越碎片化，短视频这种新的视听产品十分迎合当前用户的使用习惯，因其具有制作和分享都十分方便等优势，吸引了大量的用户。有数据显示，88% 的互联网用户会使用短视频社交，79% 的互联网用户通过短视频获取新闻资讯，41% 的互联网用户在电商购物时会观看短视频展示，短视频成为基础性的社会要素。短视频是指时长较短，通常在十几秒到十几分钟不等，主题鲜明，表达形式丰富多样，主要在移动智能设备和 PC 端创作和分享的新型视听产品。据中国电视剧制作产业协会 2019 年 12 月发布的《中国电视剧（网络剧）产业调查报告》显示，2019 年我国短视频用户规模已达 8.2 亿，短视频用户使用时长首次超过

---

[1] 本章由李嘉鑫撰写大部分初稿，孙玉荣撰写部分并对本章内容修改定稿。

长视频。短视频与传统的长视频相比不仅是时长上的缩短，它还具有更强的互动性和社交属性，创作门槛更低。笔者将短视频的特点简单概括如下：第一，时长较短，通常以秒计数；第二，创作门槛低，每个普通人都可以成为短视频的创作者；第三，社交属性更强，能够随时分享和传播；第四，主要在移动智能设备中制作、剪辑、上传和分享；第五，主题鲜明，内容丰富多样。

短视频可以分为情景类、纪录片类、生活分享类、解说类，等等。情景类的短视频通常是为了叙述一个故事，有一定的情节、人物关系、场景布置等；生活分享类的短视频主要是用户随时随地拍摄自己的生活，通常没有后期制作和剪辑，拍摄完成后直接上传至网络平台；解说类的短视频主要包括电影解说、游戏解说和体育赛事解说等。用户在解说时会根据自己的理解和想法进行评论、说明。根据内容产生的不同，短视频又可以分为UGC、PGC 和 PUGC 三种形式。UGC（User Generated Content）是普通用户自己制作短视频并上传到快手、抖音等短视频平台；PGC（Professionally Generated Content）指专业机构生产内容、制作并发表的短视频；PUGC（Professional User Generated Content）是由具有某一领域专业知识或拥有一定粉丝基础的专业用户的原创内容短视频。[1] 上述三种形式并不是完全相互独立的，也会出现交叉的情况。有一些短视频平台的内容既包括 UGC 也包括 PUGC，例如西瓜视频。这类短视频平台对于 UGC 和 PUGC 的内容作出具体的分类，用户可以根据个人需求和爱好去选择。

---

[1] 孙山．短视频的独创性与著作权法保护的路径［J］．知识产权，2019（4）：47.

二、短视频在著作权法中的地位

根据我国《著作权法实施条例》第 2 条的规定，著作权法所称作品，是指文学、艺术和科学领域内具有独创性并能以某种有形形式复制的智力成果。短视频如果要构成我国著作权法意义上的作品，必须满足以下条件：第一，属于文学、艺术和科学领域内的表达；第二，具有独创性；第三，能够以某种有形形式复制。短视频的内容形式丰富，既有属于文学领域的表达，也有属于艺术领域的表达，还有属于科学领域的表达。短视频实务制作通常情况下是在移动智能设备上完成的，在被用户制作完成并上传到平台后，短视频以数字化的形式保存在用户自己的移动智能设备中。由于用户将短视频上传至平台，所以短视频也会以数字化的形式储存在平台运营商的服务器中，这样十分便于复制和传播，可以形成无数的复制件。由此可见，短视频属于文学、艺术和科学领域内能以某种有形形式复制的智力成果，判断短视频究竟能否构成著作权法意义上的作品，关键在于其是否具有独创性。关于独创性的判断标准问题，两大法系的区别较大。

在英美法系国家中，早期流行着“额头流汗标准”，该标准认为只要是作者付出了劳动，所得到的成果就应当认定为作品，从而受到著作权法的保护。随着时代的发展，这一标准逐渐被英美等国家抛弃。1991 年，美国最高联邦法院判决的 Feist 案、是美国版权法重要的转折点，该判决使美国彻底抛弃了“额头流汗标准”。[1] 通过该案，美国确立了“最低限度的智力创造性”标准，即劳动成果必须具有最低限度的智力创造性才能构成作品，作者才能享有版权。“最低限度的智力创造性”标准与“额头流汗标准”相比，在一定程度上提高了作品的独创性标准，成为当前版权体系国家的主流观点。

在大陆法系国家中，以德国为代表，对于独创性标准的要求远比版权体系国家高，仅仅是“最低限度的智力创造性”，无法达到德国著作权法对于独创性的要求。在大陆法系国家，作品通常被看成作者的人格和精神的延伸，对作品独创性程度要求较高。与版权体系国家注重作者的经济权利不同，作者权体系国家更加强调作者对于作品所享有的精神权利，即作品必须体现作者的人格精神、个性化的选择和较高的智力创作水平。

我国《著作权法》在立法时，虽然继承了大陆法系作者权体系的衣钵，但同时吸纳了英美法系国家的一些做法。对于独创性标准，我国《著作权法》并没有作出明确具体的规定，这也导致在司法实践中认定智力成果的独创性时出现了一定的困惑。我国许多专家学者都对独创性的标准进行了自己的阐述，例如王迁教授认为：独创性包括“独”和“创”两个方面。其中“独”是指作品必须是由作者独立完成，不能是抄袭的结果。“独”可以分为两种情况：一是从无到有地进行创作；二是以现有作品为基础进行创作。“创”是指作品必须是智力活动的成果，体现一定的智力创造性。[2] 在司法实践中，“独”这一方面

[1] Feist Publications v. Rural Telephone Service Company, Inc., 499 U.S. 340 (1991).

[2] 王迁．知识产权法教程［M］．北京：中国人民大学出版社，2019：27.

比较容易认定。关键在于“创”如何去认定，智力创造性是十分主观的，也没有具体可操作的衡量标准，需要法官针对个案具体情况，作出具体分析判断。一般来说，专业作者创作的短视频，其独创性要高于普通用户。专业作者主要指前文分类中的PGC和PUGC，即专业机构和专业用户，这类作者通常拥有一定的专业知识或技能，在创作短视频时，整体创作流程包括前期策划、剧本创作、场景安排和布置、拍摄、后期剪辑等一系列环节。上述环节反映出较高的智力创造性，被认定为作品的可能性更大。除了专业作者外，短视频的创作很大一部分来自平台的普通用户。UGC，即普通用户使用移动智能设备，结合平台上提供的元素进行创作。平台通常会给用户提供背景音乐、特效等元素，因此普通用户创作的短视频可能会在表达形式上存在部分元素的相似，而且受到物质条件的制约，普通用户通常没有专业作者那样专业的设备和团队，因此在司法实践中普通用户创作的短视频被认定为作品的难度较大，但仍然有很多是符合作品构成要件的。

综上所述，短视频如果具有独创性，且满足我国著作权法中对于作品的其他条件，就构成我国著作权法意义上的作品，可以受到著作权法的保护。

三、短视频的著作权法保护模式

短视频如果符合作品构成要件，从而受到著作权法的保护，那么它究竟属于哪种作品类型呢？在形式上短视频与我国著作权法中规定的以类似摄制电影的方法创作的作品（以下简称类电影作品）十分相似，因此有些专家学者提出了短视频可以作为类电影作品获得著作权保护。在司法实践中，具有独创性的短视频也通常被认定为类电影作品。例如，在海淀法院审理的北京快手科技有限公司诉广州华多网络科技有限公司一案中，法院认为涉案视频虽仅持续 18 秒，但其在该时间段中所讲述的情景故事，融合了两名表演者的对话和动作等要素，且通过镜头切换展现了故事发生的场景，已构成具有独创性的完整表达。涉案视频系摄制在一定介质上，由一系列有伴音的画面组成，并通过网络传播的作品，属于类电影作品。[1] 构成类电影作品的短视频，其作者当然享有著作权法规定的 4 项著作人身权以及 12 项著作财产权。当侵权行为发生时，作者可以通过诉讼的方式来保护自己的合法权益。除了作者以外，短视频平台通过用户协议也获得了作者的授权，享有部分著作财产权和代为维权的权利。根据目前的短视频平台运营规则，用户在短视频平台注册时都会与平台签订用户协议。协议一般会规定作者将部分著作权财产权，如信息网络传播权、复制权、翻译权、改编权等授权给平台。同时会授予平台代为维权的权利，例如发送维权函、提起诉讼仲裁等。以抖音平台的《用户服务协议》为例，在知识产权条款 10.3 和 10.4 中都有明确规定。当侵权行为发生时，抖音平台根据用户协议的许可和授权，能以平台的名义提起诉讼或仲裁等方式进行维权。在网络环境中，侵权行为十分隐蔽，不易被发现，侵权者大多也会以虚假的身份信息在网络中实施侵权行为。用户很难发现侵权行为的存在，不能很好保护自己的合法权益。通过对短视频平台进行

---

[1] 北京市海淀区人民法院（2017）京 0108 民初 51249 号民事判决书。

授权，平台可以利用技术手段去追踪这些侵权行为，并以平台的名义提起诉讼，能够有力地遏制侵权行为。

四、短视频的侵权判定

随着近年来短视频行业的迅速发展，短视频侵权问题也日益严重。短视频作为一种全新的视听产品，由于其自身的特点导致在性质认定和侵权认定方面存在一定的困难。进入诉讼的短视频纠纷案件近年来也呈增长趋势，在 Open Law 裁判文书数据库中输入关键词“短视频”和“著作权权属、侵权纠纷”得到 1554 个结果。根据结果显示，短视频侵权纠纷案件从 2013 年到 2015 年，由 25 件增长到 259 件，从 2015 年到 2018 年，由 259 件增长到 480 件。从进入诉讼的短视频侵权纠纷来看，大部分纠纷的主要争议焦点有两个：一是关于涉案短视频的性质认定，二是侵权行为的认定。著作权人通常起诉的对象是短视频平台，很少直接起诉用户或者将用户列为共同被告。短视频侵权纠纷案件的类型主要存在三种：一是未经许可擅自使用他人短视频引发的侵害信息网络传播权纠纷；二是利用短视频的形式，将长视频如体育赛事、热门影视剧、综艺节目等剪辑成片段式传播而引发的侵害信息网络传播权纠纷；三是短视频中使用了他人音乐作品、文字作品等引发的侵害著作权纠纷。[1]

随着网络信息技术的发展，个人用户的侵权能力越来越强，

---

[1] 张璇．议涉短视频知识产权民事侵权纠纷的若干法律问题［J］．出版发行研究，2019（4）：13.

但其知识产权意识比较薄弱，用户可能有意或无意间在网络中实施了侵权行为。网络用户的数量十分巨大，但这些由用户实施的侵权行为在网络环境中十分隐蔽，很难被权利人所发觉。当侵权行为发生后，其侵权后果的传播速度快，传播范围大，严重损害了著作权人的合法利益。网络用户的侵权行为难以被追踪，而且其承担侵权责任的能力也比短视频平台要弱，所以这也是权利人通常将短视频平台作为被告提起诉讼的原因。

（一）短视频平台和用户的直接侵权

我国《著作权法》规定了 12 项著作权财产权，主要目的就是使著作权人通过控制特定的利用作品的行为获得利益，未经著作权人许可擅自使用作品的行为构成直接侵权。短视频通常是在网络环境中进行传播的，所以一般短视频侵权纠纷涉及信息网络传播权。关于信息网络传播行为的认定标准，学界主要存在服务器标准、用户感知标准和实质代替标准等。在司法实践中，大部分法院采用服务器标准，认为将作品上传至向公众开放的网络服务器中，使公众可以在个人选择的时间和地点获得该作品的行为就是受信息网络传播权控制的提供作品的行为。无论是网络用户还是短视频平台，只要未经著作权人许可实施了上述提供作品的行为，在不符合免责条款的情况下，其行为就构成了直接侵权。值得注意的是，有些情况下短视频平台虽然提交了相关证据证明其仅提供网络中介服务，但其实是“伪装”的。有些短视频平台伪装成用户将热播影视剧截取成片段上传至短视频平台中，以此来规避责任。法官在审理此类案件时应当针对个案的具体情况，结合短视频平台提供的后台用户信息，用户发布作品的特点等因素进行分析，谨慎地判断是否为短视频平台伪装的“用户”。

（二）短视频平台的间接侵权责任

在短视频侵权纠纷中，权利人通常起诉短视频平台作为被告，要求其承担间接侵权责任。在实践中，无论是网络用户还是短视频平台，其直接侵权都可以通过服务器标准进行认定。短视频侵权纠纷中的难点在于短视频平台作为网络服务提供者，间接侵权责任如何认定以及免责条款的适用。根据我国《侵权责任法》第36条的规定，网络服务提供者承担侵权责任的构成要件有两个：一是用户利用其提供的网络服务实施了侵权行为，二是网络服务提供者存在主观过错。网络用户利用网络服务实施侵权行为的，被侵权人有权通知网络服务提供者采取删除、屏蔽、断开链接等必要措施。网络服务提供者接到通知后未及时采取必要措施的，对损害的扩大部分与该网络用户承担连带责任。网络服务提供者知道网络用户利用其网络服务侵害他人民事权益，未采取必要措施的，与该网络用户承担连带责任。《最高人民法院关于审理侵害信息网络传播权民事纠纷案件适用法律若干问题的规定》（以下简称《信息网络传播权适用法律若干规定》）第8条规定，网络服务提供者的过错包括对于网络用户侵害信息网络传播权行为的明知或者应知。短视频平台如果能够证明已采取合理、有效的技术措施，仍难以发现网络用户侵害信息网络传播权行为的，人民法院应当认定其不具有过错。短视频平台作为网络服务提供者，其主观过错通常根据以下因素进行判断：（1）是否通过用户提供的作品直接获得经济利益；（2）是否对用户提供的作品进行编辑、修改、推荐等；（3）在接到侵权通知后是否及时采取了合理措施，对相关内容进行删除、断开链接；（4）涉案作品的知名度，如涉案作品是否为热播影视剧等；

(5) 是否实际知道用户的侵权行为并积极采取了预防侵权的合理措施。短视频平台作为网络服务提供者如果符合《信息网络传播权保护条例》规定的免责条款，可以免除其责任。该免责条款在学理上也被称为“避风港原则”。对于仅提供信息存储空间的短视频平台，权利人认为其服务所涉及的短视频侵犯自己的信息网络传播权或者被删除、改变了自己的权利管理电子信息的，可以向短视频平台提交书面通知，要求其删除侵权短视频。在接到权利人的通知书后，短视频平台履行了删除义务的，不承担赔偿责任。目前多数短视频平台都在明显位置设置了举报选项，并承诺将在一定时间内进行处理，如抖音就承诺会在 12 小时内处理举报信息。

按照《信息网络传播权适用法律若干规定》第 11 条的规定，短视频平台从网络用户提供的短视频中直接获得经济利益的，应当对该网络用户侵害信息网络传播权的行为负有较高的注意义务。这里的“直接获得经济利益”是指针对特定短视频投放广告获取收益或者获取与该短视频存在其他特定联系的经济利益，而不是指因提供信息存储空间而收取的一般性广告费和服务费等。国家广播电视总局发布的《网络短视频平台管理规范》对短视频也提出了“先审后播”等要求，但是该管理规范仅是倡议性的文件。《信息网络传播权适用法律若干规定》第 8 条规定：“网络服务提供者未对网络用户侵害信息网络传播权的行为主动进行审查的，人民法院不应据此认定其具有过错”。由此可见，短视频平台并不需要承担事先审查义务，而在侵权行为发生后，短视频平台又可以通过证明其符合免责条款，履行了“通知-删除”义务，因而不再承担侵权责任，这对著作权人合法权益的维护是十分不利的。我国法律应该对短视频平台适用的

“避风港原则”进行适当限制，加大短视频平台的责任。无论是网络用户还是短视频平台，侵权能力都在随着技术发展而不断增强，但是法律没有为其设立相对应的注意义务，再加上免责条款的存在，使得侵权的后果在大部分情况下只能由权利人自己承担。因此，应当为短视频平台设立一定的注意义务来平衡用户、短视频平台和著作权人之间的利益关系。

著作权人维权难、维权成本高是当前短视频纠纷存在的主要问题，没有对短视频平台设定合理的注意义务也是造成上述问题的原因之一。任何商业模式的发展初期都会对现行法律制度造成挑战，设立合理的注意义务和免责条款是解决当前短视频纠纷问题的关键，在立法层面上进行完善才能更好地保护和协调著作权人、短视频平台和用户之间的利益。

五、短视频的合理使用问题

1. 问题的提出

“X 分钟带你看完电影”的作者是来自我国台湾地区的一位网名叫“谷阿莫”的博主。谷阿莫通过诙谐幽默的语言风格和对电影片段的剪辑，将长达几个小时的电影浓缩为几分钟的电影解说短视频，这种形式的电影解说十分迎合人们当前利用碎片化时间的需求，一经推出就在网络上迅速走红。但是在其创作的短视频中包含大量电影的片段，引发了著作权侵权纠纷。2017 年 4 月，影音平台 KKTV、电影公司“又水整合”及迪士尼等多家公司控告谷阿莫侵权。2018 年 6 月 7 日，台北地方检察机关以谷阿莫未经许可使用并重制电影片段，违反著作权法规为由起诉谷阿莫。

谷阿莫对此作出了回应，并提出了自己的抗辩理由。谷阿莫认为自己的行为不构成侵权，在其制作的短视频中仅仅使用了很少的电影片段进行解说、评论，仅占原作品 1% ~ 10% 的内容，比例很低，观众也不会认为看了这部分内容就看完了整部原作品。他所制作并发布的短视频也是免费的，没有向观众收取任何费用，也没有用作商业用途，只是在解说中分享自己的观点，而且通过他的解说使许多电影获得了更多的关注，还有可能增加原作品的票房收入。他认为自己的行为构成合理使用。

本案的焦点问题在于谷阿莫的行为是否构成合理使用。著作权法的目的是保护作者的合法权益，鼓励创作和作品的传播，而在现有的作品基础之上进行创作已经成为十分重要的创作形式和作品传播形式。我国著作权法在规定了著作权人各项权利的同时，规定了合理使用和法定许可制度，目的就是限制著作权人的权利，促进作品的传播和鼓励创作。按照著作权法的规定，使用他人作品应当获得著作权人的许可，我国著作权法规定了 12 种合理使用的情形，而使用他人已经公开发表的作品既不需要经过著作权人许可也不需要支付报酬。回到本案中，谷阿莫的抗辩理由就是认为其行为属于合理使用，而不构成侵权。我国台湾地区的著作权法规中也有合理使用的规定。根据我国台湾地区“著作权法”第 52 条规定，为报道、评论、教学、研究或其他正当目的之必要，在合理范围内，得引用已公开发表之著作。这一案件受到解说类短视频作者的关注，无论是电影解说还是游戏解说，都有可能涉及他人作品的情况。各个短视频平台还存在很多谷阿莫式的博主，他们通过对影视剧作品的二次剪辑创作给自己积攒人气，如果涉及侵权，这些“谷阿莫们”该何去何从？

2. 我国合理使用制度评析

我国在 1991 年开始实施的《著作权法》就规定了合理使用制度，现行《著作权法》第 22 条规定了 12 种合理使用的具体情形。在本案中，谷阿莫引用的我国台湾地区“著作权法”第 52 条作为抗辩依据，与我国《著作权法》第 22 条的第二种法定情形相对应，即为介绍、评论某一作品或者说明某一问题，在作品中适当引用他人已经发表的作品。但是我国现行著作权法没有明确规定何为“适当引用”。由于立法上没有对合理使用的判断标准作出具体规定，造成司法实践中法院在认定某一行为是否构成合理使用时存在一定的困难。当前我国《著作权法》正在进行第三次修改，《中华人民共和国著作权法（修订草案送审稿）》对于上述情形作出了修改，增加了“引用部分不得构成引用人作品的主要或者实质部分”的规定，对于引用的比例和引用实质性内容作出了限制，并增加了“其他情形”作为兜底条款使用，在一定程度上弥补了封闭式立法模式带来的弊端，也使法官在新的技术条件下能够灵活应对可能出现的情形。另外，送审稿第 43 条第 2 款还规定“以前款规定的方式使用作品，不得影响作品的正常使用，也不得不合理地损害著作权人的合法利益”，将《著作权法实施条例》第 21 条规定的内容吸纳进来，对我国著作权合理使用制度进行了很好的完善。

在“X 分钟带你看完电影”案中，按照我国现行著作权法关于合理使用的规定，谷阿莫被认定为侵权的可能性很大。尽管谷阿莫自称免费向观众提供这些短视频，但是其在短视频平台和社交平台中拥有超高的人气和播放量，仍然可以通过流量进行变现。谷阿莫的行为在本质上超出了适当引用，而且是属于带有商业性质的使用，不符合我国著作权法所规定的合理使用的法定情形。2018 年 3 月国家广电总局下发的《关于进一步规范网络视听节目传播秩序的通知》也明确指出："坚决禁止非法抓取、剪拼改编视听节目的行为，并严格管理包括网民上传的类似重编节目，不给存在导向问题、版权问题、内容问题的剪拼改编视听节目提供传播渠道。"

3. 美国合理使用的判断标准

《美国版权法》第 107 条规定了在具体案件中判断某一行为是否属于"合理使用"所应当考虑的四个因素：（1）使用的目的和特点；（2）被使用作品的类型；（3）被使用部分与整个作品的比例；（4）使用行为对版权作品潜在市场或价值的影响。此即所谓的"四要素检验法"。在此基础上又发展出著名的"转化性使用"规则，在实践中被越来越多的美国法院作为判断合理使用的主要考量标准。在 1994 年的 Campbell 案中，美国联邦最高法院采纳了"转化性使用"规则，指出新作品的转化性越强，合理使用其他判断要素的重要性就越低。[1]"转化性使用"规则在判断某一行为是否构成合理使用时主要考量二次创作与原作品相比，是否具有新的价值。具体而言，二次创作的作品与原作品相比，是否在功能、形式和目的等方面存在转化。存在转化的方面越多，转化程度越高，被认定为合理使用的可能性就越大。在"转化性使用"规则下，谷阿莫的行为被认定为合理使用的可能性比较大。首先，谷阿莫以诙谐幽默的语言风格为观众讲述电影中发生的故事，这与原电影相比在形式上存在一定程度的转化。其次，谷阿莫不是在短视频中以原电影的故事发展顺序

[1] 相靖．Campbell 案以来美国著作权合理使用制度的演变［J］．知识产权，2016（12）：83.

重现原电影的情节，而是根据个人的理解对原电影进行评论，评论中包含个人的价值取向，对于某些电影可能是批判与讽刺，对于某些电影可能是赞扬和歌颂。这些评论为谷阿莫的二次创作增加了新的价值，在目的和功能方面具有较高程度的转化性。但是很多时候谷阿莫是在影片上映前或者在视频网站上线前就对影片进行剧情内容的披露，这就会对电影版权人的利益造成直接损害，构成了实质性替代，影响了原作品的正常使用，明显是不能构成合理使用的，属于侵权行为。

【经典案例】

（一）“伙拍小视频”侵害作品信息网络传播权纠纷案

【案情简介】[1]

原告诉求

原告北京微播视界科技有限公司向北京互联网法院提出如下诉讼请求：(1) 判令被告百度在线网络技术（北京）有限公司（以下简称百度在线）、百度网讯科技有限公司（以下简称百度网讯）立即停止对原告著作权的侵害，停止提供被控侵权短视频的在线播放及下载服务；(2) 判令二被告在百度网网站首页及伙拍小视频客户端首页显著位置连续 24 小时刊登声明，消除影响；(3) 判令二被告赔偿原告经济损失 100 万元及合理支出 5 万元。

[1] 案情简介及判决结果参见北京互联网法院（2018）京 0491 民初 1 号民事判决书。

事实与理由

抖音短视频网站和手机软件（合称抖音平台）系由原告合法拥有并运营的原创短视频分享平台。2018 年 5 月 12 日，抖音平台上发布的《5. 12，我想对你说》短视频（以下简称《我想对你说》短视频），系由抖音平台用户“黑脸 V”独立创作完成并上传，作品一经发布就受到了网民的广泛赞誉，成为以类似摄制电影的方法创作的作品（以下简称类电影作品）。经“黑脸 V”合法授权，原告依法对《我想对你说》短视频在全球范围内享有独家排他的信息网络传播权及以原告名义进行独家维权的权利。

百度在线公司为伙拍小视频 Android 系统的手机软件开发者，百度网讯公司为伙拍小视频 iOS 系统的手机软件开发者，二被告共同向用户提供伙拍小视频手机软件的下载、安装、运营和相关功能的更新、维护，并对伙拍小视频手机软件进行宣传和推广。二被告未经原告许可，擅自将《我想对你说》短视频在伙拍小视频上传播并提供下载、分享，从而吸引大量的网络用户在伙拍小视频上浏览观看，侵害了原告对《我想对你说》短视频享有的信息网络传播权。同时，被控侵权短视频上未显示抖音和用户 ID 的水印，二被告必然实施了消除上述水印的行为，存在破坏原告相关技术措施的故意，此行为亦构成对原告信息网络传播权的侵犯。二被告上述两项行为，给原告造成极大的经济损失，并给原告的声誉造成影响，原告恳请法院支持其全部诉讼请求。诉讼过程中，原告认可被控侵权短视频已被删除，放弃“请求判令二被告立即停止对原告著作权的侵害，停止提供被控侵权短视频的在线播放及下载服务”的诉讼请求。

被告辩称

二被告共同辩称：不同意原告的诉讼请求，不应当承担原告诉请的法律责任。理由如下：(1)《我想对你说》短视频不具有独创性，不构成著作权法保护的作品；(2) 原告主体和被告主体有不适格的情形；(3) 百度网讯公司不应当承担原告诉请的法律责任；(4) 原告的诉讼请求缺乏事实和法律依据。

【判决结果】

北京互联网法院经审理后认为：(1) 原告和被告是本案适格的主体；(2)《我想对你说》短视频构成类电影作品；(3) 二被告作为提供信息存储空间的网络服务提供者，不构成侵权行为，不应承担相关责任。因此判决驳回原告北京微播视界科技有限公司的全部诉讼请求。

【案件焦点分析】

1. 涉案短视频是否构成类电影作品

按照我国《著作权法实施条例》的规定：著作权法所称作品，是指文学、艺术和科学领域内具有独创性并能以某种有形形式复制的智力成果。电影作品和类电影作品，是指摄制在一定介质上，由一系列有伴音或者无伴音的画面组成，并且借助适当装置放映或者以其他方式传播的作品。本案中，《我想对你说》短视频显然符合"摄制在一定介质上，由一系列有伴音或者无伴音的画面组成，并且借助适当装置放映或者以其他方式传播"这些形式要件，因此判断涉案短视频是否构成作品的关键要看其是否具有独创性。独创性中的"独"是指独立完成，并非抄袭他人的结果。独立完成存在两种情况：一是从无到有进行独立创作，二是在现有作品基础之上进行创作。[1] 本案中涉案短视频的作者"黑脸 V"是以党媒平台和人民网发布的示范视频及网络下载图片等这些原本没有任何关系的独立元素为基础进行创作的。该短视频与抖音平台中其他参与该话题的用户制作并发布的短视频存在可以被客观识别的差异。因此，应当认定该短视频为用户"黑脸 V"独立完成，具备独创性中的"独"。

独创性中的"创"是指创作性，即智力劳动的成果，具有一定的智力水平。本案中《我想对你说》短视频的作者应党媒平台的倡议，为 2008 年 5 月 12 日发生的汶川地震中的遇难者祈福。在给定主题和素材的情形下，其创作空间受到一定的限制，体现出创作性难度较高。该短视频的画面为一名穿着黑色帽衫的蒙面男子，站在灾后废墟中以手势舞方式进行祈福。随着手势舞的进行，画面由近及远，由灰暗变为明亮。地面上的裂缝渐渐平整，倾倒的电线杆渐渐直立，画面中也出现了树木和青草，呈现出一片生机勃勃的景象，最后表演者所穿着的衣服袖子也由黑色变为红色。该短视频构成了一个有机统一的视听整体，向观众传达了一种积极的充满希望的感情并引起观众的共鸣。作者"黑脸 V"在有限的创作空间下通过背景设计和制作特效等方式，将自己对主题思想的理解，通过与其他用户的短视频完全不同的个性化表达，体现了自己多方面的智力劳动成果。

综上所述，视频的长短与创作性的判定没有必然联系。涉案短视频具有独创性，属于文学、艺术和科学领域内能以某种有形形式复制的智力成果，满足作品的构成要件，构成著作权法中的类电影作品。

---

[1] 王迁．知识产权法教程［M］．北京：中国人民大学出版社，2019：28.

2. 二被告是否构成侵权，是否承担责任

本案中二被告作为网络服务提供者是否构成侵权，要看其实施的是直接提供作品行为还是提供信息存储空间服务。信息网络传播权控制的是在信息网络中的交互式传播行为，即以有线或无线的方式向公众提供作品，使公众可以在个人选择的时间和地点获得作品。本案中如果被告在其运营的伙拍小视频平台中直接上传了涉案短视频，就构成对原告信息网络传播权的直接侵权。二被告主张其仅提供信息空间存储服务而没有直接在伙拍小视频平台中上传作品，应当承担举证责任。

（1）二被告是否构成直接侵权。

在本案中，二被告在提供伙拍小视频手机软件服务时，对外公示了其用户协议，该协议显示伙拍小视频手机软件具有供用户发布信息的功能，并对用户上传内容不得侵害他人知识产权进行了告知，公布了联系方式，且其提交的后台记录载明被控侵权短视频上传者的用户名、注册 IP 地址、注册时间、上传 IP 地址、上传时间以及联系方式等信息，可以认定被控侵权短视频系案外人上传，二被告为信息存储空间服务提供者，不构成直接侵权。

（2）二被告是否构成间接侵权。

根据《中华人民共和国侵权责任法》第 36 条的规定，网络用户利用网络服务实施侵权行为的，被侵权人有权通知网络服务提供者采取删除、屏蔽、断开链接等必要措施。网络服务提供者接到通知后未及时采取必要措施的，对损害的扩大部分与该网络用户承担连带责任。网络服务提供者知道网络用户利用其网络服务侵害他人民事权益、未采取必要措施的，与该网络用户承担连带责任。

在本案中，二被告已经提供了证据证明其仅提供信息空间存储服务，涉案短视频为用户个人上传。对于用户的侵权行为，其是否具有主观过错，成为其是否承担间接侵权责任的关键。根据《信息网络传播权适用法律若干规定》，网络服务提供者承担间接侵权责任的主观过错包括对于网络用户侵害信息网络传播权行为的明知或者应知。人民法院应当根据网络用户侵害信息网络传播权的具体事实是否明显，并综合考虑以下因素，认定网络服务提供者是否构成应知：①基于网络服务提供者提供服务的性质、方式及其引发侵权的可能性大小，应当具备的管理信息的能力；②传播的作品、表演、录音录像制品的类型、知名度及侵权信息的明显程度；③网络服务提供者是否主动对作品、表演、录音录像制品进行了选择、编辑、修改、推荐等；④网络服务提供者是否积极采取了预防侵权的合理措施；⑤网络服务提供者是否设置便捷程序接收侵权通知并及时对侵权通知作出合理的反应；⑥网络服务提供者是否针对同一网络用户的重复侵权行为采取了相应的合理措施；⑦其他相关因素。网络服务提供者在提供网络服务时，对热播影视作品等以设置榜单、目录、索引、描述性段落、内容简介等方式进行推荐，且公众可以在其网页上直接以下载、浏览或者其他方式获得的，人民法院可以认定其应知网络用户侵害信息网络传播权。本案中，原告提交的证据无法证明二被告存在对于被控侵权短视频具有明知或应知的主观过错，且二被告在收到有效投诉后，删除被控侵权短视频的行为在合理期限内，可以适用“避风港原则”，因此不构成间接侵权。

3. 涉案短视频中水印的性质

本案中还有一个争议的焦点，原告认为短视频中的水印属于技术措施，而在伙拍小视频手机软件上传播的被控侵权短视频上未显示水印，原告认为被告删除了短视频中的水印，是对技术措施的破坏。

在短视频中添加水印是当前短视频行业的普遍做法，短视频中的水印主要包括以下信息：短视频平台、用户昵称和用户 ID 等。通常情况下，用户在某一短视频平台中播放或者下载短视频时，短视频中都会显示水印。《信息网络传播权保护条例》第 26 条规定，技术措施是指用于防止、限制未经权利人许可浏览、欣赏作品、表演、录音录像制品的或者通过信息网络向公众提供作品、表演、录音录像制品的有效技术、装置或者部件。著作权法意义上的“技术措施”用于作品、表演和录音制品等著作权法中的特定客体，具有阻止对这些特定客体实施侵权行为的功能。只有阻止他人实施特定行为的技术性手段，才能实现著作权法的立法目的。本案中的水印显然不能实现上述功能。从公众的视角看，水印更具备表明某种身份的属性。本案中的水印包含“我想对你说”短视频的制作者用户 ID 号，表示了制作者的信息。水印中标注的“抖音”字样，表示了传播者的信息，因此宜被认定为权利管理信息。所谓权利管理电子信息，是指说明作品及其作者、表演及其表演者、录音录像制品及其制作者的信息，作品、表演、录音录像制品权利人的信息和使用条件的信息，以及表示上述信息的数字或者代码。权利管理电子信息不具有技术措施的功能，无法防止未经许可地接触作品和保护著作权专有权利，这是二者最主要的区别。短视频中的水印是在浏览短视频时才能显示的，而且水印不能控制短视频的下载、转发等传播方式。北京互联网法院认为，涉案短视频的水印属于权利管理信息，而且涉案短视频为网络用户个人上传，实施消除水印行为的也不是二被告。[1]

本案是 2018 年度“中国十大传媒法事例”之一，也是北京互联网法院挂牌成立后受理的首起案件，引发了社会各界的广泛关注。该案的判决对短视频的著作权法地位及保护模式等知识产权法律新问题提供了清晰的裁判思路，具有典型意义。

（二）快乐阳光公司诉北京十三月公司侵害信息网络传播权纠纷案

【案情简介】[2]

原告湖南快乐阳光互动娱乐传媒有限公司（以下简称快乐阳光公司）向北京市朝阳区人民法院提出诉讼请求：判令被告北京十三月文化传播有限公司（以下简称十三月公司）立即停止侵权，并赔偿经济损失 4 万元、律师费 8000 元及公证费 2000 元。事实和理由如下：《我是歌手》是一档综艺节目，韩红演唱的《回到拉萨》曲目（以下简称涉案曲目）系《我是歌手》第三季第七期（以下简称涉案综艺节目）的部分内容，快乐阳光公司自称对涉案曲目享有在我国大陆地区的专有信息网络传播权，有权以自身名义维权。十三月公司未经许可，通过其经营的“新乐府”微信公众号（以下简称涉案公众号），向公众提供涉案曲目的在线播放服务。用户可在涉案公众号页面完整观看涉案曲目内容，十三月公司利用视频分享手段将涉案曲目直接展示给用户的行为应属于直接侵权。即使该行为被认定为提供链接服

---

[1] 北京互联网法院（2018）京 0491 民初 1 号民事判决书。

[2] 案情简介及判决结果参见北京市朝阳区人民法院（2018）京 0105 民初 10380 号民事判决书。

务，也因为十三月公司提前选定了链接对象和有直接的广告收益，构成帮助侵权。

被告十三月公司辩称，快乐阳光公司现有证据不能证明其已经获得涉案综艺节目的信息网络传播权；涉案曲目存储在腾讯视频网站上，其只是在经营的公众号上设置链接，该行为不属于信息网络传播行为，也不构成共同侵权，属于合理使用，请求驳回快乐阳光公司全部诉讼请求。

法院查明，《我是歌手》第三季第七期于 2015 年 2 月 13 日在湖南卫视首播，涉案曲目系该节目的组成部分，节目片尾显示“本节目信息网络传播权由快乐阳光公司独占享有”。2017 年 3 月 28 日，进入十三月公司的涉案公众号，显示该公众号于 2017 年 3 月 27 日发布了题为《玩物这些乐器演奏给〈我是歌手〉添了大彩!》的文章，用大量文字介绍了《我是歌手》出现过的笙、铜钦、西塔琴和唢呐四种乐器，并插入时长 5 分 34 秒的视频，内容与涉案曲目一致，播放过程中右上角有“腾讯视频”的标记，右下角有“歌手芒果全网首播”的标记，右下角不时弹出“高清观看腾讯视频看更多”。经当庭勘验，涉案曲目系链接自腾讯视频网站，系由网名为“藏歌音乐”的网络用户上传。

【判决结果】

北京市朝阳区人民法院经审理后认为：根据作品登记证书、说明书、综艺节目视频署名截图，在无相反证据的情况下，可以认定快乐阳光公司在授权期限内，独占享有《我是歌手》第三季第七期综艺节目视频的信息网络传播权。涉案曲目系该综艺节目视频的组成部分，快乐阳光公司有权对该曲目主张权利。根据双方当事人陈述和当庭勘验结果，十三月公司主张其在微信公众号上链接涉案曲目的行为构成合理使用的抗辩，法院予以采纳。

依照《中华人民共和国著作权法》第22条第1款（2）项，《中华人民共和国著作权法实施条例》第21条规定，判决驳回原告快乐阳光公司的全部诉讼请求。

【案件焦点分析】

本案的核心焦点问题是被告北京十三月公司在其经营的微信公众号上链接涉案曲目的行为能否构成著作权合理使用。

我国《著作权法》规定：为介绍、评论某一作品或者说明某一问题，在作品中适当引用他人已经发表的作品，可以不经著作权人许可，不向其支付报酬，但应当指明作者姓名、作品名称，并且不得侵犯著作权人依法享有的其他权利。《中华人民共和国著作权法实施条例》第21条规定，依照著作权法有关规定，使用可以不经著作权人许可的已经发表的作品的，不得影响该作品的正常使用，也不得不合理地损害著作权人的合法利益。最高人民法院《关于充分发挥知识产权审判职能作用推动社会主义文化大发展大繁荣和促进经济自主协调发展若干问题的意见》第8条规定，正确认定合理使用行为应“考虑作品使用行为的性质和目的、被使用作品的性质、被使用部分的数量和质量、使用对作品潜在市场或价值的影响等因素”。因此，判断被告的行为是否属于合理使用，应综合考虑以上规定结合案情及法院认定的具体事实来进行分析。

首先，十三月公司在引用涉案曲目前，该曲目已经随涉案综艺节目的播放而发表，十三月公司在引用时也进行了正确署名；其次，十三月公司在其经营的微信公众号上链接涉案曲目的行为，不是让读者欣赏涉案节目，而是为了说明铜钦这一乐器在歌曲中发挥的作用，也就是为了说明问题；再次，引用的比例适当，且引用行为未影响涉案综艺节目视频的正常使用，快乐阳光公司也未举证证明涉案行为给其造成经济损失。[1] 综合考虑作品使用行为的性质和目的、被使用部分的数量和质量、使用对作品潜在市场或价值的影响等因素，被告的行为属于合理使用，具体分析如下。

1. 使用行为的性质和目的

涉案文章《玩物这些乐器演奏给〈我是歌手〉添了大彩!》用大量文字介绍了笙、铜钦、西塔琴和唢呐四种乐器，为了说明这些乐器在涉案节目中发挥的独特作用，才插入了时长 5 分 34 秒的视频，其引用涉案曲目并非为了单纯向读者展现被引用的曲目本身，而是为了使读者对乐器的作用产生更直观的感受和更容易理解文章说明的问题，因为这比单纯文字介绍更能达到良好效果，所以符合《著作权法》第 22 条第 1 款（2）项“为介绍、评论某一作品或者说明某一问题，在作品中适当引用他人已经发表的作品”，属于美国法上的转换性使用。

2. 被使用部分的数量和质量

涉案综艺节目时长 108 分 59 秒，而被引用的涉案曲目时长为 5 分 34 秒，仅是该综艺节目一个极小的片段。涉案文章除引用涉案曲目外，还有大量介绍、说明性的文字，并不构成主要以他人作品代替自己的创作，引用比例适当，被引用的内容和文章之间在构思和表达上存在自然、合理、正常的逻辑关系。涉案文章引用涉案曲目，是为了说明乐器铜钦对整首歌曲的烘托作用，虽然铜钦主要出现在涉案歌曲间奏中，但仅截取引用铜钦出现的该部分内容，难以实现说明该乐器对整首歌发挥重要作用的合理

---

[1] 参见北京市朝阳区人民法院（2018）京 0105 民初 10380 号民事判决书。

需要。

3. 使用对作品潜在市场或价值的影响

涉案曲目时长仅为 5 分 34 秒且内容有限，公众难以通过观看该涉案曲目就获悉涉案综艺节目的全部内容，并未实质性地再现涉案综艺节目，客观上未起到替代作用，不足以对快乐阳光公司的市场价值造成实质性影响，没有不合理地损害权利人的合法利益。[1]

综上所述，十三月公司在微信公众号上链接涉案曲目的行为不构成侵权，属于合理使用。

[1] 参见北京市朝阳区人民法院（2018）京 0105 民初 10380 号民事判决书。

第七章　互联网文化产业版权保护研究[1]

一、大数据时代我国文化创意产业知识产权保护的必要性

随着信息技术和移动互联网的迅猛发展，云计算逐渐成为网络变革的发展趋势，“大数据”作为云计算发展的重要产物，也已成为一种趋势。“大数据”开启了一次重大的时代转型，这个概念几乎应用到了所有人类致力于发展的领域，成为人们获得新的认知、创造新的价值的源泉。大数据成为未来一切商业活动的发展方向，它已撼动了整个世界，未来是一个由“大数据”推动的时代。大数据时代，更加凸显文化创意产业知识产权保护的重要性和紧迫性，我国文化创意产业知识产权的保护、运用和管理在大数据时代遇到了前所未有的挑战。

文化产业是在广义文化范畴内，以创作、创造、创新为根本

---

[1] 本章内容发表于《北京联合大学学报（人文社科版）》2014 年第 2 期和 2016 年第 2 期（被《新华文摘》2016 年第 23 期转摘），作者：孙玉荣。

手段，以文化内容、创意成果为核心价值，以知识产权实现或消费为交易特征，为社会创造财富，提供广泛就业的产业，[1] 它包含文化产品、文化服务与智能产权三项内容。“大数据”大大丰富了文化产品的内容。文化产品既有商品属性又有文化精神属性。大数据时代，文化产品的内容更多地体现出无形和高附加值特点。无论是从国际文化产业发展经验还是国内文化产业的发展趋势来看，文化产业数字化都极具竞争力。[2] 创意是文化产业的核心，发展我国文化创意产业的关键是激发全民族的创意。“创意产业之父”霍金斯认为，知识产权法的每一类别都有庞大的工业与之相对应，加在一起“这四种工业（专利、版权、商标和设计）就组成了创造性产业和创造性经济”，即创意产业，在《创意经济》一书中霍金斯将创意产业界定为：其产品都在知识产权法保护范围内的经济部门。[3] 知识产权不仅是文化创意产业的竞争核心力，决定着文化产业的发展前景和未来走势，更是文化创意产业生存的生命线，被视为文化创意产业的命脉。创意产业是以创意为核心资源、以知识产权为主要价值的产业，其所能产生的经济效益主要体现在创意价值形成、保护和积累的过程中，如果创作者的创造价值不能得到尊重和保护，就无法获得其在研究和生产过程中应得的投资回报，进而严重削弱创新的积极

---

[1] 王国华．转型经济时期文化产业发展的路径选择［J］．北京联合大学学报（人文社会科学版），2011（2）．

[2] 陈少峰，陈晓燕．基于数字文化产业发展趋势的商业模式构建［J］．北京联合大学学报（人文社会科学版），2013（2）．

[3] ［英］约翰·霍金斯．创意经济：如何点石成金［M］．洪庆福，孙薇薇，刘茂玲，译，上海：上海三联书店，2006．

性。[1] 因此，知识产权保护是文化创意产业发展的前提和基础，没有知识产权对创意进行保护，文化创意产业将寸步难行。知识产权制度作为一种对人类智力创造活动从产权角度进行激励的制度，是对智力成果进行确认和保护的利器，能够为创意产业的发展提供有力的保护，其为权利人提供了对创新成果的专有垄断的合法保障，通过为创造性劳动所创造的价值，提供了合理的利益分配机制，知识产权制度建立起了对创意产业而言行之有效的法律保护框架。[2] 知识产权就是文化创意产业生存的氧气，如果没有知识产权保护制度对文化创意产业进行保护，即使政府出台再多的鼓励投资政策措施，也很难调动企业的积极性，文化产业发展水平也很难与其他国家抗衡。无论是从国际文化产业发展经验还是国内文化产业的发展趋势来看，任何一个国家或地区要发展文化创意产业，都必须保护从业者的劳动成果。美国是把知识产权保护与文化产业发展紧密结合起来并取得巨大成功的典型代表。当前我国文化创意产业研究的核心问题之一是对文化创意产业的知识产权保护进行研究，加强知识产权保护，是营造文化创意产业发展环境的关键，迫切需要引起全社会的普遍关注和相关部门的高度重视。

二、我国文化创意产业知识产权保护存在的问题

作为21世纪的“朝阳产业”，文化创意产业因其高附加值、

---

[1] 陈新华. 香港文化产业及其对深圳的启示 [J]. 特区经济，2007 (4).

[2] 王勉青. 知识产权保护时代的创意产业发展 [J]. 上海企业，2008 (3).

可持续发展性、大容量的就业机会和高于国民经济的增速而受到越来越多国家的重视。近年来，全球创意产业迅猛发展，产业市场规模不断扩大，文化创意产业已经成为世界经济新的增长点。我国的文化创意产业近几年也呈现出一片欣欣向荣的景象，新增文化创意产业企业和从业人数逐年增多。“文化创意产业”也成为近年“两会”代表委员热议的话题，但不可否认的是，在我国文化创意产业的高速发展中确实存在诸多问题，其中最需要及时解决的关键问题就是文化创意产业的知识产权保护存在的问题，这已经成为我国文化创意产业发展的瓶颈。笔者认为，当前我国文化创意产业知识产权保护之困中，最为凸显的是以下两大方面的问题。

1. 我国文化创意产业知识产权保护意识亟须加强

当前我国文化创意产业知识产权保护存在的主要问题之一是知识产权保护意识的淡薄，这也是我国文化创意产业发展亟须解决的关键问题。知识产权自我保护意识和尊重他人知识产权的意识是知识产权保护意识的两个组成部分，只有在全社会范围内形成尊重知识产权的文化氛围，创新精神被社会普遍尊崇，我国文化创意产业知识产权意识才能切实得到加强。[1]

（1）我国文化创意产业知识产权自我保护意识不强。我国文化创意产业发展以小规模企业为主的现状，决定了这些企业缺乏一定的人力、物力和时间去关注知识产权保护问题，没有自己的知识产权战略，也谈不上制定知识产权管理制度、设立专门的知识产权管理部门，对知识产权保护的普遍认知度较低，因此我国整个文化创意产业知识产权自我保护意识不强，许多创意企业

---

[1] 王海燕．创意产业发展的知识产权保护［J］．特区经济，2007（11）．

只侧重对创意产品的设计和开发，轻视对设计和开发成果的知识产权保护，认为只要做好创意成果本身的开发创新即可，对知识产权保护不够重视。部分企业的知识产权被他人侵犯时，羞于提起诉讼，部分权利人甚至认为诉讼是不光彩的事，这在一定程度上助长了文化创意产业知识产权侵权行为的发生，在涉及广告、设计、音乐、电视广播等创意产业的各个领域中，抄袭克隆现象都非常严重。

（2）缺乏尊重他人知识产权的意识。我国文化创意产业发展以小规模企业为主的现状，导致创意企业自主研发性不强，许多小企业不具备进行自主性研发的实力，其自身的创意产品竞争力低下且抄袭严重，创意企业或员工在创意素材索取和作品创作、传播过程中缺乏尊重和保护他人知识产权的意识，能“合理使用他人作品并指明作者姓名、作品名称”等保护他人知识产权的很少，擅自复制、擅自使用及非法下载他人知识产权成果的行为则大量存在，在建筑设计、音乐、时尚设计、出版以及计算机软件等行业，剽窃、抄袭等侵权行为较为多见。互联网影视发行链中，盗版现象严重侵蚀创意产业链，导致我国文化创意产业缺乏尊重他人知识产权的意识较为普遍。

2. 我国文化创意产业知识产权保护路径选择缺乏科学性

我国部分创意企业缺乏对知识产权基本法律法规的了解和掌握，许多创意企业成立时间较短，企业规模较小，企业知识产权管理工作整体水平不高，尤其缺乏专门的知识产权管理人员，更未建立专门的知识产权管理部门，因而不能对企业的商标、专利等智力资产进行有效的管理和运用，不清楚如何选择何种途径对创意成果进行更为恰当的保护。无救济则无权利，如果创意企业不清楚知识产权的侵权救济途径，不能对救济途径作出正确的选择，就无法真正保护自己的知识产权。

三、我国文化创意产业知识产权保护的路径选择

关于我国文化创意产业知识产权保护的路径，学者从不同角度提出了自己的观点。[1] 运用法律途径对知识产权进行保护无疑是我国文化创意产业所有知识产权保护途径中最强有力的最佳选择，具备其他保护途径所不能比拟的优点。我国知识产权制度虽然起步较晚，但卓有成效，早在 20 世纪 80 年代就已建立起比较完整的知识产权法律体系。1983 年 3 月 1 日起施行的《中华人民共和国商标法》于 1993 年、2001 年、2013 年和 2019 年进行过四次修正。1984 年 3 月 12 日通过的《中华人民共和国专利法》于 1992 年、2000 年、2008 年分别进行过三次修正。1990 年 9 月 7 日通过的《中华人民共和国著作权法》于 2001 年、2010 年进行过二次修正，第三次修订工作于 2011 年 7 月开始，第十三届全国人大常委会第十七次会议对《中华人民共和国著作权法（修正案草案）》进行了审议，并于 2020 年 4 月 30 日将其在中国人大网（www. npc. gov. cn）公布，向社会公众征求意见。1993 年出台的《反不正当竞争法》（2019 年修正）和《消费者权益保护法》（2013 年修正），明文规定保护商业秘密与商业标识。1986 年通过的《民法通则》在“民事权利”一章专门设一节规定“知识产权”。2017 年通

[1] 颜士鹏，张丽艳．创意产业知识产权保护研究综述［J］. 科技与法律，2011（2）.

过的《民法总则》第 123 条规定了民事主体依法享有的知识产权。1994 年颁布的《中华人民共和国对外贸易法》（2004 年、2016 年两次修订）设专门一章规定“与对外贸易有关的知识产权保护”。1997 年修订后的《刑法》（2017 年修正）设专节规定“侵犯知识产权罪”。2010 年颁布的《中华人民共和国涉外民事关系法律适用法》专设一章规定“知识产权”。除了以上法律外，还有国务院 1991 年颁布的《计算机软件保护条例》（2001 年、2013 年两次修正）、1995 年颁布的《知识产权海关保护条例》（2003 年、2018 年两次修正）、1997 年颁布的《植物新品种保护条例》（2014 年修订）、2001 年颁布的《集成电路布图设计保护条例》、2001 年颁布的《专利法实施细则》（2002 年、2010 年两次修订）、2002 年颁布的《著作权法实施条例》（2011 年、2013 年两次修订）、2004 年颁布的《著作权集体管理条例》（2013 年修订）、2006 年颁布的《信息网络传播权保护条例》（2013 年修订），等等，除此之外还有最高人民法院、最高人民检察院发布的相关司法解释。可见，我国国内关于知识产权保护的法律框架已基本完备。关于知识产权保护的国际条约，我国加入的主要有《建立世界知识产权组织公约》《保护工业产权巴黎公约》《保护文学艺术作品伯尔尼公约》《世界知识产权组织版权条约》《世界知识产权组织表演和录音制品公约》《世界版权公约》《视听表演北京条约》《保护录音制品制作者防止未经许可复制其录音制品公约》《商标国际注册马德里协定》《商标国际注册马德里协定有关议定书》《商标注册用商品和服务分类协定》《专利合作条约》《国际承认用于专利程序的微生物保存条约》《工业品外观设计国际分类协定》《专利国际分类协定》《集成电路知识产权条约》

《保护植物新品种国际公约》《与贸易有关的知识产权协议》等。至此，在立法角度我国知识产权保护水准已基本达到了世界贸易组织中与贸易有关的知识产权协议的基本要求。而我国文化产业的知识产权保护是以国家知识产权保护制度为基础的特别保护制度，就是以上述这些国际条约、法律、法规及其相关司法解释为基础形成的文化产业知识产权法制保护体系。[1]文化创意企业应当根据其自身的具体实际情况，综合运用著作权、专利权、商标权、商业秘密权、反不正当竞争等多种保护手段所提供的全方位综合保护，选择最合适的知识产权保护路径。

1. 著作权保护模式

著作权法对文化创意产业知识产权进行保护具有以下几个优点：第一，著作权保护模式对其保护对象的标准要求低，受保护的权利客体范围广泛；第二，著作权法保护模式手续简便，“自动”生效，只需进行注册登记，无须申请、审批，既省时，又省钱；第三，便于其他开发者以已获著作权保护的产品去开发、优化和创造新的作品；第四，节约立法成本。由于世界各国已普遍建立版权制度，并有众多国家参加了《伯尔尼公约》和《世界版权公约》便于利用已有的法律体系对文化创意产业进行保护，而一旦取得国内保护，国际保护也很容易实现。

当然，著作权保护也有其自身的局限性存在。以计算机软件为例：首先，著作权保护仅仅局限在文字作品的表面形式，没有对作品，如计算机软件的功能使用权进行妥善的保护。计算机软

[1] 丛立先．我国文化产业知识产权法制体系的构成与完善［J］．中南财经政法大学研究生学报，2008（5）．

件作为一种新型的技术、技能和知识实体，其功能使用权才是其知识产权的核心所在。故用著作权法保护计算机软件并不完善，也不全面。其次，我国《著作权法》和《计算机软件保护条例》仅限于禁止他人在未经权利人允许的情况下抄袭、复制权利人利用某种特定语言写成的计算机源程序。其他人在现有源程序的基础上只要稍加改动或使用不同的源程序语言就可能脱离其保护范围而成为一种新的软件。最后，计算机软件中源程序的思想、概念和表现形式不易分开，导致侵权与合理使用很难区分，易于引起争议。

2. 专利权保护模式

在所有的法律保护形式中，专利法的保护力度是最强的。与著作权法限于对表现形式的保护不同，专利法对产品的保护是内在的、实质的。它保护的是发明人的发明思想和该思想所蕴含的实质内容。

当然，专利权保护模式也有其自身的局限性。第一，发明创造必须满足以下实质性条件才能获得专利权，即新颖性、创造性、实用性，这会导致许多发明创造无法满足这些要求，受到专利法保护的发明创造并不是很多。第二，专利法不保护抽象的数学公式、算法和逻辑推理等智力活动的规则和方法，就计算机程序本身而言，不论它以何种形式出现，都不能受到专利法的保护。只有运行于计算机之上，并取得技术效果的计算机程序才能受到专利法的保护。第三，申请专利的手续相对于其他法律保护的形式而言是最为复杂的，并且专利的维护还需要一定的费用。

3. 商标权保护

商标是创意企业占领市场、扩大影响、吸引顾客、开展市场竞争和寻求产品利润的一种工具，所以商标保护的重点是产品研制者所开拓的市场。商标的主要作用是防止其他企业生产假冒产品以侵害商标权人的利益。创意企业的商标战略通常是指企业运用商标法律制度，对其生产和经营的项目创制、使用、维护、管理商标而设计的总体性规划，藉以实现树立和扩大企业形象、获取并保持市场竞争优势的目标。专利与商标相结合可以更好地实现创意成果的市场化。具体做法包括：（1）专利与商标搭配，即许可他人实施自己的专利，并且要求对方必须同时使用自己的专利产品及商标，通过被许可人的使用，增加自己专利产品和企业的知名度和品牌效应。（2）专利与商标交换，即许可他人实施自己专利，并要求使用对方具有一定声誉的商标，以便专利产品投放市场后更有吸引力。（3）利用商标延长专利的实际效力（生命力），由于专利权的时间性，可能导致企业因专利而形成的市场优势的丧失。通过利用商标可以续展的特点，可以使企业在专利权届满后仍旧凭借商标的影响而保持和延续其市场占有率。[1] 因此，在一定意义上讲，商标保护是对专利保护的延伸，一是延长了保护期限，二是扩展了保护范围，使不具备专利条件或丧失了专利权的产品也受到法律保护。

4. 商业秘密和反不正当竞争法保护

对于在产品开发过程中凝聚了大量的创造性智力成果，如计算机软件程序的逻辑与算法以及技术秘诀等，由于得不到专利法保护，可以考虑采用或借助商业秘密法来保护，但受商业秘密法保护的前提是其本身是秘密。一项商业秘密一旦公开，就不再能够得到法律保护。由此可见，商业秘密法保护模式的缺点是对文

[1] 孙玉荣．科技法学［M］．北京：北京工业大学出版社，2013（6）：288.

化创意产业的发展带来阻碍，不利于公共利益。

反不正当竞争法中的知识产权条款由于运用了含义宽泛的术语，被认为是对各种具体知识产权难以周延之处提供了兜底保护或者附加保护，因而在商业实践中得到了广泛的运用。[1]《反不正当竞争法》把规制对象限定于商业领域内的“经营者”，正好契合了文化创意企业制止竞争对手不正当竞争的需要。

5. 合同法保护模式

按我国现行《著作权法》的规定，创意无法直接得到著作权法的保护，因为著作权法不保护思想观念本身，创意需要经过一定形式的转化，才能受到著作权法的保护。当然，尚处于秘密状态的创意，企业可以与其职工、交易方签订含有保守商业秘密条款的劳动合同或者各种交易合同，一旦后者违反合同约定，就有权要求其承担违约责任。除此之外，还可以在合同中明确约定，交易方使用他人创意如何支付报酬等。

四、互联网文化产业版权保护问题

（一）版权保护是互联网文化产业发展的关键

互联网文化产业也被称为新媒体产业或数字文化产业，是当今科技与文化融合的核心领域。作为一种全新的生产方式、生活方式，“互联网+”代表着未来。“互联网+”、无缝连接、跨界

---

[1] 郑成思．反不正当竞争——知识产权的附加保护［J］．知识产权，2003（5）．

融合、智力资本，这些原本看起来并不搭界的字眼，现在组合起来，给传统文化产业带来了新生。随着移动互联网的广泛应用并且深入到人们文化娱乐生活的方方面面，互联网与文化产业深度融合，激发起大众创业、万众创新的热潮，推动了文化产业自身的整体转型和升级换代，互联网对文化产品商业模式所产生的强烈冲击，打通了文化领域产业链，促进了文化产业的整体业态升级，最终形成新的文化产业生态链。一个开放协作、跨界融合、移动互联的大数据时代已经到来！在这个从传统社会向全面信息社会大变革的时代，文化产业如何抓住转型升级的全新契机，并在这个新的生态链中找准自己的位置？百度、阿里巴巴、腾讯等几大网络巨头开始了在文学、影视、音乐、动漫等诸多领域的布局，平台为王、内容为王及在线参与等商业模式已成为文化产业的主流。内容产品的质量是决定文化产业发展的关键，内容产业与科学技术的结合不断改变着文化业态。互联网构建了内容产业新生态，文化产业新生态的特点使知识产权在促进文化与科技融合进程中的作用凸显，互联网文化产业发展需要知识产权保驾护航。

在这个从传统社会向全面信息社会大变革的时代，版权保护已成为互联网文化产业发展的灵魂，“互联网+”绕不开知识产权。随着“互联网+”的持续推动，互联网文化产业的版权保护也引发了前所未有的热议。在“互联网+”把触角伸向更多领域和层面的过程中，新的商业形态、商业模式、商业方法不断涌现，而涉及知识产权的内容也大量地进入互联网。由此可见，保护知识产权成为我国互联网文化产业发展的关键。

（二）互联网文化产业版权保护现状堪忧

互联网文化产业知识产权保护现状堪忧，“1 人原创，99 人抄袭”。有媒体曾经这样评价微信公众号。❶

网络盗版侵权问题一直是我国互联网文化产业发展过程中所面临的最大的“痛”。2014 年，思路网负责人周某犯侵犯著作权罪，判处有期徒刑 5 年，罚金 100 万元。同年 6 月，深圳快播科技有限公司因盗版侵权被处以 2.6 亿元天价罚单。此外，上海“射手网”侵犯影视作品和字幕作品著作权案、江苏“高清影视下载网”侵犯著作权案、上海“补时点播影院”侵犯影视作品著作权案、江苏南京“韩剧 TV” App 侵犯影视作品著作权案、山西长治“圣城家园网”侵犯著作权案、江苏徐州“5 · 10”侵犯图片作品著作权案、山东菏泽“3.12”侵犯著作权案，等等，类似的案例不胜枚举。文学、音乐、影视、动漫、游戏等主要文化创意产品的版权频遭盗版侵权，直接遏制互联网文化产业向纵深推进和发展。

创意是互联网文化产业发展的核心要素，文化创意产业的突出特点是产品创造成本高而且投入大，但是又极易复制，复制成本非常低。对于互联网文化产业来说，这个特征更加突出。再加上司法维权成本过高，周期长，判赔金额低，导致创意主体放弃维权的情况非常普遍，进而使得对于网络侵权不得不主要依赖于行政主管机关的执法，创意主体的合法权益很难得到保障。由此可见，不解决网络盗版侵权问题，互联网文化产业很难走上发展

❶ 王子尧，潘旭涛．“互联网+”绕不开知识产权［N］．人民日报，2015-04-21.

壮大之路。

（三）互联网文化产业版权保护存在的问题与面临的挑战

1. 存在的主要问题

2015 年伊始，IP 成为文化产业界最火爆的概念和备受关注的焦点。无论是做项目抑或聊天时若不喊出两句“明星 IP”“大 IP”就好像算不上文化产业圈里的人。一时间，IP 成了被虚炒的概念，很多时候成了炒作的噱头！IP 作为“Intellectual Property”这个英文词组的简称，是指人们对于自己的智力活动创造的成果和经营管理活动中的标记、信誉，依法享有的一种无形财产权。[1]《世界知识产权组织公约》第 2 条给知识产权下定义时采取了列举的方式，即知识产权应该包括下列几项权利：（1）与文学、艺术及科学作品有关的权利；（2）与表演艺术家的表演活动、与录音制品及广播有关的权利；（3）与人类创造性活动的一切领域内的发明有关的权利；（4）与科学发现有关的权利；（5）与工业品外观设计有关的权利；（6）与商品商标、服务商标、商号及其他商业标记有关的权利；（7）与防止不正当竞争有关的权利；（8）一切其他来自工业、科学及文学艺术领域的智力创作活动所产生的权利。《与贸易有关的知识产权协定》也采取列举的方式将知识产权规定为著作权与邻接权、商标权、地理标记权、外观设计权、专利权、集成电路布图设计权、商业秘密权。而现在文化产业界对于 IP 这个词的诠释则与知识产权这

[1] 吴汉东．知识产权制度基础理论研究［M］．北京：知识产权出版社，2009：13.

个概念本身的真正含义相去甚远！在腾讯的泛娱乐语境中，明星IP是指一个形象或者一个“故事核”。[1]《中国文化报》2015年1月26日刊登的《IP是什么?》一文中说，IP指的就是内容，优质IP可以等同于好的故事和角色。[2]某微信公众号在2015年一年里就推送了《IP的核心要素，是隐藏在故事背后的价值认同》《全世界都在谈IP，IP的真相是什么?》《郭敬明：做成了整体的开发项目才能叫IP》等十几篇关于IP的文章，这些文章或取自于传统平面媒体或来源于网络，经“文化产业评论”这一平台在移动互联网上再次掀起热潮。笔者对这些文章进行了仔细阅读，结果发现其关于IP概念的阐释并不全面、准确，很多是对外行读者的误导。正如其中一篇文章里提到的：“大家都在谈IP，但真正懂IP的又有几人呢?”[3]可大家都是一副很懂的样子，在IP前面加上一些词，创造出所谓的“大IP”“超级IP”“热门IP”“优质IP”“明星IP”“山寨IP”等五花八门的概念，一时间IP成了哆啦A梦的四次元口袋，没有什么是它装不下的！这一股IP热背后凸显出来的恰恰是目前我国文化产业知识产权保护存在的最主要问题！以偏概全的IP概念虚炒，甚至将IP作为炒作的噱头，这并不是文化产业知识产权保护意识提高的表现，反而成为当下一个最令人担忧的问题。至于文化产业界所津津乐道的IP运营、IP孵化，据来自“IPR Daily知识产权第

---

[1] 马化腾，等．互联网+：国家战略行动路线图［M］．北京：中信出版社，2015：182.

[2] 于帆．IP是什么?［N］．中国文化报，2015-01-26.

[3] 佚名．2015年“IP”的那些事儿［EB/OL］．(2019-02-09)［2019-02-09］．http：//mt. sohu. com/20160209/n437145719. shtml.

一新锐媒体”公众号上刊登的一篇文章透露，目前比较热门的“玩法”[1]竟然是要先依靠盗版来积累海量粉丝和关注度，即所谓的人气和影响力，然后再通过其他环节或衍生品来获得巨额利润实现变现。这又和知识产权保护是多么风马牛不相及且背道而驰！

2. 面临的挑战

大数据时代，伴随着云计算、转码技术、网络聚合等新技术的出现，使得文化创意产品的表现形式和传播方式更加多样化，商业模式也随之发生变化，同时引发利益格局的新变化。知识产权的可复制性得到进一步强化的同时，抄袭、盗版等侵权行为更加具有隐蔽性，为规模化和重复侵权带来了便利，这些都给互联网文化产业知识产权立法和司法带来了新的挑战。

与传统知识产权相比较而言，网络知识产权的无形性特点更加突出而地域性特征淡化。

传统知识产权客体的无形性并不妨碍其被固定在有形的载体上，即与一定的物质载体相结合。在网络环境中，智力成果却是以字节流的形式存在的，以讯号的形式进行传播，网络的虚拟性使得知识产权客体的无形性特点更为突出，并且对知识产权权利客体的复制和传播都呈现出便捷和低成本的特点。在网络环境下，数字化作品的极易复制性得到了进一步强化，从而使网络知识产权的保护过程变得更为复杂和艰难。

网络的全球化给传统知识产权的地域性特征带来了挑战。对传统知识产权而言，地域性是指知识产权在空间上的效力受到地

---

[1] 《最近爆火的 IP（知识产权）究竟是怎么玩的?》（编辑王梦婷），刊登于微信公众号“IPR Daily 知识产权第一新锐媒体”2016 年 1 月 30 日。

域的限制，即权利主体所拥有的知识产权只在本国境内有效。但是在信息网络环境中，互联网的无国界性导致大量发生在互联网上的知识产权侵权案件是跨国界的，这给网络侵权主体的确认及如何确定侵权行为发生地带来困难，同时也给知识产权执法和监管及产生纠纷后的举证等带来诸多难题。

如何应对互联网文化产业发展中版权保护所遭遇的困境？笔者认为，要顺应互联网文化产业的发展，寻求互联文化产业中各方利益的平衡，实现网络服务提供者、权利主体及社会公众三者之间的利益平衡。特别是网络服务提供者的侵权责任如何认定，更是一个值得探讨的问题。

五、网络服务提供者侵权责任探析

（一）网络服务提供者的概念及分类

我国现行法律、法规、规章和司法解释中，关于网络服务提供者的概念并不统一，散见网络服务提供者、互联网内容提供者、互联网信息服务提供者、网络内容服务提供者等多个概念。《信息网络传播权保护条例》将“网络服务提供者”界定为主要是指自动接入、自动传输、自动存储、提供存储空间、搜索和链接等服务提供者；《互联网著作权行政保护办法》的规定与《信息网络传播权保护条例》相似，但是将“互联网内容提供者”界定为“互联网上发布相关内容的上网用户”；《电信条例》和《互联网信息服务管理办法》则不区分主体性质，而是从便于维护安全的角度出发，将互联网信息服务提供者与网络内容服务提供者视为等同。最高人民法院《关于审理侵害信息网络传播权民事纠纷案件适用法律若干问题的规定》将信息网络传播行为划分为作品等内容提供行为和网络服务提供行为，这和美国法学界及我国学术界关于网络服务提供者的通常分类相同，即将广义的网络服务提供者划分为狭义的网络服务提供者和网络内容提供者两大类。但有的学者将广义的网络服务提供者简称为 ISP，[1]有的则将狭义的网络服务提供者简称为 ISP，[2] 这无疑导致了进一步的混乱。

由此可见，目前关于网络服务提供者的概念和分类是混乱、模糊的，理论界、实务界对其内涵的界定也不尽相同，这直接影响到法官对侵权责任主体的正确区分。因此，澄清网络服务提供者的概念和分类，不仅涉及网络服务提供者法律责任的承担，影响到网络用户的实际利益，而且对网络经济的健康发展都极为重要，在司法审判实务中也有着非常重要的现实意义。

为此，笔者首先对网络服务提供者（Internet Service Provider，ISP）的概念和分类界定如下。本文所称的“网络服务提供者”是一个广义的概念，泛指网络上的一切信息提供者和中介服务者。此处的“服务”是一个广义的概念，既包括提供信息服务，也包括提供中介服务。根据网络服务提供者（ISP）提供服务的不同，可以将

[1] 杨立新．电子商务侵权法［M］．北京：知识产权出版社，2005：221.

[2] 齐爱民教授将狭义的网络服务提供者，即网络接入服务提供者简称为 ISP，并将其划分为网络基础设施经营者、互联网连接服务提供者、网络主机服务提供者、电子布告板系统经营者、邮件新闻组及聊天室经营者、信息搜索工具提供者。参见：齐爱民．电子商务法原论［M］．武汉：武汉大学出版社，2010：41.

其分为网络内容提供者（Internet Content Provider，ICP）和网络中介服务者（On-line Service Provider，OSP）两大类。其中，网络中介服务者又可划分为网络接入服务提供者（Internet Access Provider，IAP）和网络平台提供者（Internet Presence Provider，IPP）。

（二）网络内容提供者的侵权责任

网络内容提供者利用网络接入服务提供者的线路，通过自己有组织地采集、筛选、加工而将各种信息呈现给用户。世界上许多国家都将网络内容提供者类比为现实世界里的“出版者”，因为它完全可以做到像传统的出版者那样审核、控制自己所上传的信息，所以应该承担严格责任，即只要其提供的内容中有侵犯他人合法权益的内容，无论有无主观上的过错，都要承担侵权责任。如德国 1997 年 8 月生效的《信息与通信服务法》就规定，网络内容提供者按照一般的法律规则对其上传的信息承担法律责任，不享有责任豁免或限制。

在我国，关于网络侵权的归责原则，法学界多数学者的观点及立法、司法实践部门长期以来一直都不区分网络内容提供者和网络中介服务者，而是认为网络内容提供者和网络中介服务者一样，承担的都是过错责任。王利明教授认为，我国《侵权责任法》第 36 条虽然没有明确规定采用过错责任，但是从条文的解释来看，可知其采用的是过错责任。[1] 对此有不同意见的学者认为，“在网络环境下，我国实行的过错责任原则将与版权保护之间发生

---

[1] 王利明. 侵权责任法研究（下）[M]. 北京：中国人民大学出版社，2011：128.

更激烈的矛盾冲突，实行严格责任的需要更加迫切了。”[1] 笔者赞同这一观点，认为不宜将网络内容提供者和网络中介服务者承担的侵权责任归责原则做统一规定，而是应区别对待，网络内容提供者承担的侵权责任应该是无过错责任，这也正是网络服务提供者区分为网络内容服务者和网络中介提供者的实际意义所在。

（三）网络中介服务者的法律责任

网络中介服务者侵权责任应适用过错责任原则。因为网络中介服务者的种类不同，提供互联网信息传输中介服务的情况各有不同，所以对其责任认定问题远比网络内容提供者的侵权责任认定复杂和棘手。

1. 网络接入提供者的法律责任

网络接入服务者对网上信息传播无法控制，其所起的作用仅仅相当于一个“传输管道”，作为技术中介，它仅为用户提供进出互联网的通道，用户是否连接、是否发送以及发送何种信息，均通过接入服务提供者提供的设施或计算机系统、经过自动的技术处理过程实现，网络接入提供者无法编辑，信息的内容原封未动，网络接入提供者也不能对特定信息进行控制。网络信息传输的数量与速度使得网络接入提供者无法对信息进行有效的监管。过多的干涉会干扰网络的发展，甚至导致用户对侵犯隐私权的指控。

现实生活中，由于 IAP 所面对的是数以千万的网络用户、网络站点，因此让它作出人为的监控在事实与技术上都是不可能的。而且在甄别的过程中，要求 IAP 既要客观地对侵权信息的

---

[1] 薛虹．网络内容提供者的版权侵权责任［J］．知识产权，2000（2）：9-12.

实质内容进行审核，又要从法律上判断一个行为是否构成侵权行为，这样也是超出它的实际能力范围的。因此，笔者认为，IAP对网络信息的合法性不负事先审查义务，只承担过错责任。但是当侵权、违法行为发生后，IAP若明知某信息为侵权信息，或者在接到权利人发出的确有证据的“通知”后，负有在技术可能、经济许可的范围内阻止侵权信息继续传播的义务，否则，就属于实施了不作为的侵权行为，应承担侵权责任。

2. 网络平台提供者的法律责任

网络平台提供者（IPP）对网上信息所起的作用并不仅仅限于“传输管道”，他们为用户提供信息交流和技术服务的平台，在技术上，它可以对信息进行编辑控制。当合法用户通过网络向平台上载信息后，计算机系统会自动传送至主服务器并在特定的栏目中发布，IPP无法在用户文章或视频发表前对其进行阅读、观看或修改，而在用户将信息上载并由系统自动发表后，IPP即可以对其内容进行删减、修改乃至完全删除，以阻止信息从该处继续传播，防止损害后果的扩大。针对IPP的这种特殊性，笔者认为IPP负有依据“表面合理标准”在合理时间内对信息表面依据常理进行审查的义务。所谓“表面合理标准”是指IPP只负有对用户上传内容依据常理进行审查的义务。首先，IPP应当删除明显的反动、色情、侮辱、诽谤他人的内容；其次，对这些用语的判断标准是以公众的认识水平为准。原因主要有两个：一个是要求IPP对网络平台上大量的信息以专业的水平进行严格实质审查是不可能、也是不必要的。另一个是网络平台的使用者大多是社会公众，对网络平台的合法性评判也应以社会公众的标准进行。所谓“合理时间”是指用户信息发表后至其依“表面合理标准”必须被删除的一段时间。对“合理时间”的确定非常关键。如果该时间过短，就会提高网络平台经营成本，妨碍互联网文化产业的发展。如果时间过长，文章已经被广泛阅读，删除就没有太大意义了。因此，确定“合理时间”既要考虑 IPP 与社会公共利益的平衡，又要做到有利于互联网文化产业的发展。

综上所述，网络平台服务提供者承担侵权责任的情况主要有两种：（1）怠于行使事先审查义务。在用户信息发表之后的一段合理时间内，网络平台服务提供者负有依据“表面合理标准”审查信息合法性的事先审查义务。如果平台服务提供者没有履行上述义务，使得应被发现的侵权信息没有被删除，便应当承担相应的法律责任。（2）怠于行使事后控制义务。在用户信息发表后的任何时间，在技术与经济允许的范围内，平台服务提供者负有事后控制义务，即在明知某信息为侵权信息或接到权利人发出确有证据的通知后，应当采取必要的措施阻止该信息继续传播，否则将承担共同侵权责任，与直接实施侵权行为的网络内容提供者承担连带责任。

六、结束语

大数据时代我国文化创意产业必须立足于全球化传播的新理念、新方法、新模式，充分运用新思维、新观念、新模式彻底解决我国文化创意产业发展中存在的版权保护瓶颈问题，科学选择适合我国文化创意产业版权保护发展的最佳途径，促进我国文化创意产业的健康有序发展。

首先，建立健全、完善的专门针对我国文化创意产业发展的版权保护法律体系，加大知识产权执法监督力度，将知识产权违法行为控制在萌芽阶段，是创意产业版权保护中不可忽视的重要一环。2019 年 11 月，中共中央办公厅、国务院办公厅印发《关于强化知识产权保护的意见》，加强知识产权保护，是完善产权保护制度最重要的内容。文化创意产业版权的保护在很大程度上需要依靠司法机关的裁判。《中共中央关于全面深化改革若干重大问题的决定》提出，加强知识产权运用和保护，健全技术创新激励机制，探索建立知识产权法院。目前我国已经在北京、上海、广州设置了知识产权法院。2018 年 12 月 27 日，最高人民法院发布《关于知识产权法庭若干问题的规定》（法释〔2018〕22 号），自 2019 年 1 月 1 日起施行。相比知识产权法庭的建立，知识产权法院更有利于提高司法效率，统一司法标准，节约司法成本。

其次，政府除了为创意产业版权保护营造良好的法律政策环境以外，还应当加大投入对保护和利用知识产权公共平台的建设，完善版权交易体系，促进文化创意产业信息传播，制定专门的针对文化创意产业发展的版权保护战略，构建创意企业版权管理制度，出台创意企业版权管理指南，对版权交易市场进行有力监管，为文化创意企业提供正确的引导和帮助。

最后，也是最为关键的一点，增强文化创意产业版权保护意识，将保护版权意识上升到战略高度，通过不断增强人们的版权保护意识，使公众认识到侵犯他人知识产权给自己和社会带来的危害，在全社会树立尊重和保护知识产权的良好氛围。版权文化建设必须与社会整体文明素质的提高协调发展。创意企业必须努力提高企业自身的版权保护意识，政府和各级各类学校要加大对版权保护的宣传力度，通过各种渠道普及社会公众的版权法律常识，让创新精神在全社会得到普遍尊崇，营造文化创意产业版权保护的基础工程。

主要参考文献

一、著作类

[1] 吴汉东. 知识产权制度基础理论研究 [M]. 北京：知识产权出版社，2009.
[2] 吴汉东. 著作权合理使用制度研究 [M]. 北京：中国人民大学出版社，2013.
[3] 吴汉东. 知识产权多维度学理解读 [M]. 北京：中国人民大学出版社，2015.
[4] 冯晓青. 知识产权法利益平衡理论 [M]. 北京：中国政法大学出版社，2006.
[5] 冯晓青. 企业知识产权管理 [M]. 北京：中国政法大学出版社，2012.
[6] 冯晓青. 技术创新与企业知识产权战略 [M]. 北京：知识产权出版社，2014.
[7] 丛立先. 国际著作权制度发展趋向与我国著作权法的修改 [M]. 北京：知识产权出版社，2012.

[8] 王迁．知识产权法教程［M］．北京：中国人民大学出版社，2019.

[9] 王迁．版权法对技术措施的保护与规制研究［M］．北京：中国人民大学出版社，2018.

[10] 王迁．著作权法［M］．北京：中国人民大学出版社，2015.

[11] 王利明．侵权责任法［M］．北京：中国人民大学出版社，2016.

[12] 郑成思．知识产权法［M］．北京：法律出版社，2003.

[13] 郑成思．版权法（上）［M］．北京：中国人民大学出版社，2009.

[14] 崔国斌．著作权法［M］．北京：北京大学出版社，2014.

[15] 李扬．著作权法基本原理［M］．北京：知识产权出版社，2019.

[16] 孙玉荣，管荣齐．知识产权制度与规范［M］．北京：科学出版社，2017.

[17] 孙玉荣．科技法学［M］．北京：北京工业大学出版社，2013.

[18] 孙磊．电子游戏司法保护研究［M］．北京：知识产权出版社，2018.

[19] 严波．现场直播节目版权问题研究［M］．北京：法律出版社，2016.

[20] 杨立新．侵权责任法［M］．北京：法律出版社，2018.

[21] 杨延超．版权战争［M］．北京：知识产权出版社，2017.

[22] 姜福晓. 数字网络技术背景下著作权法的困境与出路[M]. 北京: 知识产权出版社, 2017.
[23] 马化腾, 等. 互联网+: 国家战略行动路线图[M]. 北京: 中信出版社, 2015.
[24] 袁博. 著作权法解读与应用[M]. 北京: 知识产权出版社, 2019.
[25] 刘庆辉. 网络服务提供者间接侵害知识产权之责任制度研究[M]. 北京: 知识产权出版社, 2019.

二、论文类

[1] 吴汉东. 人工智能时代的制度安排与法律规制[J]. 法律科学(西北政法大学学报), 2017(5).
[2] 吴汉东. 知识产权的制度风险与法律控制[J]. 法学研究, 2012(4).
[3] 冯晓青. 著作权合理使用制度之正当性研究[J]. 现代法学, 2009(4).
[4] 冯晓青. 著作权法之激励理论研究——以经济学、社会福利理论与后现代主义为视角[J]. 法律科学(西北政法大学学报), 2016(6).
[5] 冯晓青, 付继存. 著作权法中的复制权研究[J]. 法学家, 2011(3).
[6] 冯晓青. 网络游戏直播画面的作品属性及其相关著作权问题研究[J]. 知识产权, 2017(1).
[7] 冯晓青, 刁佳星. 转换性使用与版权侵权边界研究——

基于市场主义与功能主义分析视角 [J]. 湖南大学学报 (社会科学版), 2019 (5).
[8] 丛立先. 人工智能生成内容的可版权性与版权归属 [J]. 中国出版, 2019 (1).
[9] 丛立先. 论短视频作品的权属与利用 [J]. 出版发行研究, 2019 (4).
[10] 丛立先. 短视频著作权保护的核心问题 [J]. 出版参考, 2019 (3).
[11] 丛立先. 体育赛事直播节目的版权问题析论 [J]. 中国版权, 2015 (4).
[12] 王迁. 论人工智能生成的内容在著作权法中的定性 [J]. 法律科学 (西北政法大学学报), 2017 (5).
[13] 王迁. 广播组织权的客体——兼析"以信号为基础的方法" [J]. 法学研究, 2017 (1).
[14] 王迁. 论体育赛事现场直播画面的著作权保护——兼评"凤凰网赛事转播案" [J]. 法律科学 (西北政法大学学报), 2016 (1).
[15] 王迁, 袁锋. 论网络游戏整体画面的作品定性 [J]. 中国版权, 2016 (4).
[16] 王迁. 电子游戏直播的著作权问题研究 [J]. 电子知识产权, 2016 (2).
[17] 王迁. 同人作品著作权侵权问题初探 [J]. 中国版权, 2017, (3).
[18] 李扬. 网络游戏直播中的著作权问题 [J]. 知识产权, 2017, (1).
[19] 李扬, 李晓宇. 康德哲学视点下人工智能生成物的著

作权问题探讨［J］. 法学杂志，2018（9）.
［20］卢海君. 论广播组织权的客体［J］. 苏州大学学报（法学版），2019（4）.
［21］卢海君. 同人创作、同人作品与版权责任——《此间的少年》案所引发的思考［J］. 中国出版，2017（11）.
［22］黄玉烨. 著作权合理使用具体情形立法完善之探讨［J］. 法商研究，2012（4）.
［23］黄玉烨，张惠瑶. 3D数字模型的复制权保护探析［J］. 中南大学学报（社会科学版），2015（5）.
［24］崔国斌. 认真对待游戏著作权［J］. 知识产权，2016（2）.
［25］崔国斌. 体育赛事直播画面的独创性标准选择［J］. 苏州大学学报（法学版），2019（4）.
［26］来小鹏，贺文奕. 论体育赛事节目的独创性［J］. 山东科技大学学报（社会科学版），2019（4）.
［27］孙山. 短视频的独创性与著作权法保护的路径［J］. 知识产权，2019（4）.
［28］孙磊. 电子游戏竞技网络直播中的IP保护［J］. 电子知识产权，2016（11）.
［29］孙玉荣. 互联网文化产业发展与知识产权保护［J］. 北京联合大学学报（人文社会科学版），2016（2）.
［30］孙玉荣. 大数据时代我国文化创意产业知识产权保护的路径选择［J］. 北京联合大学学报（人文社会科学版），2014（2）.
［31］孙玉荣，王罡. 3D打印著作权法律问题探究［J］. 北京工业大学学报（社会科学版），2017（3）.
［32］孙玉荣，刘宝琪. 人工智能生成内容的著作权问题探究

[J]. 北京联合大学学报（人文社会科学版），2020（1）.
[33] 孙玉荣，王罡．论3D打印数字模型的复制［J］. 科技与法律，2017（4）.
[34] 单晓光，袁博．3D打印中的“异形复制”［J］. 科技与法律，2017（1）.
[35] 严波．论体育直播节目作品性质判定的两难之境与解题关键［J］. 苏州大学学报（法学版），2019（4）.
[36] 刘银良．论人工智能作品的著作权法地位［J］. 政治与法律，2020（3）.
[37] 祝建军．网络游戏直播的著作权问题研究［J］. 知识产权，2017（1）.
[38] 梁志文．论人工智能创造物的法律保护［J］. 法律科学（西北政法大学学报），2017（5）.
[39] 马忠法，陈潜．3D打印中的“复制”与“合理使用”［J］. 上海财经大学学报，2015（3）.
[40] 袁秀挺，方帅．体育赛事直播的著作权保护述评［J］. 私法，2017（1）.
[41] 张玲玲，张传磊．改编权相关问题及其侵权判定方法［J］. 知识产权，2015（8）.
[42] 夏佳明．电子游戏直播中知识产权保护研究［J］. 电子知识产权，2016（2）.
[43] 郝敏．网络游戏要素的知识产权保护［J］. 知识产权，2016（1）.
[44] 林莺．同人作品合法性问题探究［J］. 中国版权，2015（5）.
[45] 熊琦．“用户创造内容”与作品转换性使用认定［J］.

法学评论，2017（3）.
[46] 张伟君．从“金庸诉江南”案看反不正当竞争法与知识产权法的关系［J］. 知识产权，2018（10）.
[47] 熊文聪．论“已经固定”不是电影作品的可版权要件［J］. 山东科技大学学报（社会科学版），2019（2）.
[48] 周高见，田小军，陈谦．网络游戏直播的版权法律保护探讨［J］. 中国版权，2016（1）.
[49] 张璇．议涉短视频知识产权民事侵权纠纷的若干法律问题［J］. 出版发行研究，2019（4）.
[50] 瞿昊晖．论3D打印产品设计图作品的使用者利益——以美国判例为启示［J］. 中南大学学报（社会科学版），2015（5）.

附录　中华人民共和国著作权法修正案（草案）[1]

一、将第二条、第九条、第十一条、第十六条、第十九条、第二十一条、第二十二条中的“公民”修改为“自然人”，“其他组织”修改为“非法人组织”。

二、将第三条中的“包括以下列形式创作的文学、艺术和自然科学、社会科学、工程技术等作品”修改为“是指文学、艺术和科学领域内具有独创性并能以某种有形形式复制的智力成果，包括”。

将第三条第六项、第十条第一款第七项、第十五条、第二十一条第三款、第四十六条、第四十七条第八项中的“电影作品和以类似摄制电影的方法创作的作品”，第十条第一款第十项中的“电影和以类似摄制电影的方法创作的作品”，第十条第一款第十三项中的“电影或者以类似摄制电影”，第四十七条第六项中的“电影和以类似摄制电影”，第五十三条中的“电影作品或

---

[1] 第十三届全国人大常委会第十七次会议对《中华人民共和国著作权法（修正案草案）》进行了审议，并于 2020 年 4 月 30 日将其在中国人大网（www. npc. gov. cn）公布，向社会公众征求意见。

者以类似摄制电影的方法创作的作品”均修改为“视听作品”。

第三条增加一款，作为第二款：“前款规定的作品可以向国家著作权主管部门认定的登记机构办理登记。”

三、将第四条修改为：“著作权人和与著作权有关的权利人行使著作权或者与著作权有关的权利，不得违反宪法和法律，不得损害公共利益，不得滥用权利影响作品的正常传播。国家对作品的出版、传播依法进行监督管理。”

四、将第五条第二项中的“时事新闻”修改为“单纯事实消息”。

五、将第七条、第二十六条、第二十八条中的“国务院著作权行政管理部门”修改为“国家著作权主管部门”。

将第七条中的“主管”修改为“负责”，“各省、自治区、直辖市人民政府的著作权行政管理部门”修改为“县级以上地方主管著作权的部门”。

六、将第八条中的“著作权集体管理组织被授权后，可以以自己的名义为著作权人和与著作权有关的权利人主张权利”修改为“著作权集体管理组织是非营利法人，被授权后可以以自己的名义为著作权人和与著作权有关的权利人主张权利”。

增加一款，作为第二款：“著作权集体管理组织根据授权向使用者收取使用费。使用费收取标准由著作权集体管理组织和使用者代表协商确定，协商不成的，可以向国家著作权主管部门申请裁决或者向人民法院提起诉讼。”

增加一款，作为第三款：“著作权集体管理组织应当将许可使用费收取和转付、管理费提取和使用、使用费未分配部分等总体情况向社会公布，并应当建立权利信息查询系统，供权利人和使用者查询。国家著作权主管部门应当加强对著作权集体管理组织的监督、管理。”

原第二款作为第四款，修改为：“著作权集体管理组织的设立方式、权利义务、著作权许可使用费的收取和分配，以及对其监督和管理等由国务院另行规定。”

七、将第十条第一款第七项修改为：“出租权，即有偿许可他人临时使用视听作品、计算机软件的原件或者复制件的权利，计算机软件不是出租的主要标的的除外”。

将第一款第十一项修改为：“广播权，即以有线或者无线方式公开播放或者转播作品，以及通过扩音器或者其他传送符号、声音、图像的类似工具向公众传播广播的作品的权利”。

将第一款第十二项修改为：“信息网络传播权，即以有线或者无线方式向公众提供、使公众可以在选定的时间和地点获得作品的权利”。

八、第十二条增加一款，作为第二款：“使用改编、翻译、注释、整理已有作品而产生的作品，应当取得该作品的著作权人和原作品的著作权人许可。”

九、将第十三条第一款修改为：“两人以上合作创作的作品，著作权由合作作者共同享有，通过协商一致行使；不能协商一致，又无正当理由的，任何一方不得阻止他方行使除转让、许可他人专有使用、出质以外的其他权利，但是所得收益应当合理分配给所有合作作者。没有参加创作的人，不能成为合作作者。”

十、将第十五条、第四十六条中的“制片者”修改为“视听作品制作者”，将第十五条第一款中的“由制片者享有”修改为“由组织制作并承担责任的视听作品制作者享有”。

十一、第十六条第二款增加一项，作为第二项：“报社、期刊社、通讯社、广播电台、电视台及所属媒体的工作人员创作的职务作品”。

十二、将第十八条修改为：“作品原件所有权的转让，不改变作品著作权的归属，但美术、摄影作品原件的展览权由原件所有人享有。

“作者将未发表的美术、摄影作品的原件所有权转让给他人，受让人展览该原件不构成对作者发表权的侵犯。”

十三、删去第二十一条第三款中的“摄影作品”。

十四、将第二十二条第一款中的“并且不得侵犯著作权人依照本法享有的其他权利”修改为“并且不得影响该作品的正常使用，也不得不合理地损害著作权人的合法权益”。

删去第一款第三项中的“时事”。

将第一款第六项中的“翻译或者少量复制”修改为“翻译、播放或者少量复制”。

删去第一款第十项中的“室外”。

将第一款第十二项修改为：“以阅读障碍者能够感知的独特方式向其提供已经发表的作品”。

十五、删去第二十三条第一款中的“九年制”和“除作者事先声明不许使用的外”。

在第二十三条第一款中的“摄影作品”后增加“图形作品”。

十六、将第三十八条改为第三十七条，在第一款第五项中的“发行”后增加“出租”。

十七、增加一条，作为第三十八条：“演员为完成本演出单位的演出任务进行的表演为职务表演，演员享有表明身份的权利，其他权利归属由当事人约定。当事人没有约定或者约定不明的，职务表演的权利由演出单位享有。

“职务表演的权利由演员享有的，演出单位可以在其业务范围内免费使用该表演。”

十八、增加一条，作为第四十三条：“将录音制品用于无线或者有线播放，或者通过传送声音的技术设备向公众传播的，应当向录音制作者支付报酬。”

十九、将第四十五条第一款修改为：“广播电台、电视台对其播放的载有节目的信号享有下列权利：

“（一）许可他人转播；

“（二）许可他人录制以及复制；

“（三）许可他人通过信息网络向公众传播。”

将第四十五条第二款中的“广播、电视”修改为“信号”。

二十、将第五章章名修改为“著作权和与著作权有关的权利的保护”。

二十一、增加一条，作为第四十七条：“为保护著作权和与著作权有关的权利，权利人可以采取技术措施。

“未经许可，任何组织或者个人不得故意避开或者破坏技术措施，不得以避开或者破坏技术措施为目的制造、进口或者向公众提供有关装置或者部件，不得故意为他人避开或者破坏技术措施提供技术服务。但是，法律、行政法规规定可以避开的情形除外。”

二十二、增加一条，作为第四十八条：“下列情形可以避开技术措施，但不得向他人提供避开技术措施的技术、装置或者部件，不得侵犯权利人依法享有的其他权利：

“（一）为学校课堂教学或者科学研究，向少数教学、科研人员提供已经发表的作品、版式设计、表演、录音录像制品或者广播电台、电视台播放的载有节目的信号，而该作品、版式设计、表演、录音录像制品或者广播电台、电视台播放的载有节目的信号无法通过正常途径获取；

“（二）不以营利为目的，以阅读障碍者能够感知的独特方式向其提供已经发表的作品，而该作品无法通过正常途径获取；

“（三）国家机关依照行政、司法程序执行公务；

“（四）对计算机及其系统或者网络的安全性能进行测试；

“（五）进行加密研究或者计算机软件反向工程研究。”

二十三、增加一条，作为第四十九条：“未经权利人许可，不得进行下列行为：

“（一）故意删除或者改变作品、版式设计、表演、录音录像制品或者广播电台、电视台播放的载有节目的信号上的权利管理信息，但由于技术上的原因无法避免的除外；

“（二）知道或者应当知道作品、版式设计、表演、录音录像制品或者广播电台、电视台播放的载有节目的信号上的权利管理信息未经许可被删除或者改变，仍然向公众提供。”

二十四、增加一条，作为第五十条：“滥用著作权或者与著作权有关的权利，扰乱传播秩序的，由著作权主管部门责令改正，予以警告，没收违法所得，非法经营额五万元以上的，可以并处非法经营额一倍以上五倍以下的罚款；没有非法经营额、非法经营额难以计算或者不足五万元的，可以并处二十五万元以下的罚款。”

二十五、将第四十七条改为第五十一条，将第八项中的“出租其作品或者录音录像制品的”修改为“出租其作品或者录音录像制品的原件或者复制件的”。

二十六、将第四十八条改为第五十二条，修改为：“有下列侵权行为，损害公共利益的，除承担本法第五十一条规定的民事责任外，由著作权主管部门责令停止侵权行为，予以警告，没收违法所得，没收、销毁侵权复制品，没收主要用于制作侵权复制品的材料、工具、设备等，非法经营额五万元以上的，可以并处非法经营额一倍以上五倍以下的罚款；没有非法经营额、非法经营额难以计算或者不足五万元的，可以并处二十五万元以下的罚款；构成犯罪的，依法追究刑事责任：

“（一）未经著作权人许可，复制、发行、表演、放映、广播、汇编、通过信息网络向公众传播其作品的，本法另有规定的除外；

“（二）出版他人享有专有出版权的图书的；

“（三）未经表演者许可，复制、发行、出租录有其表演的录音录像制品，或者通过信息网络向公众传播其表演的，本法另有规定的除外；

“（四）未经录音录像制作者许可，复制、发行、通过信息网络向公众传播其制作的录音录像制品的，本法另有规定的除外；

“（五）未经许可，播放、复制或者通过信息网络向公众传播广播电台、电视台播放的载有节目的信号的，本法另有规定的除外；

“（六）未经著作权人或者与著作权有关的权利人许可，故意避开或者破坏技术措施的，故意制造、进口或者向他人提供主要用于避开、破坏技术措施的装置或者部件的，或者故意为他人避开或者破坏技术措施提供技术服务的，法律、行政法规另有规定的除外；

“（七）未经著作权人或者与著作权有关的权利人许可，故意删除或者改变作品、版式设计、表演、录音录像制品或者广播电台、电视台播放的载有节目的信号上的权利管理信息的，知道或者应当知道作品、版式设计、表演、录音录像制品或者广播电台、电视台播放的载有节目的信号上的权利管理信息未经许可被删除或者改变，仍然向公众提供的，法律、行政法规另有规定的除外；

“（八）制作、出售假冒他人署名的作品的。”

二十七、将第四十九条改为第五十三条，修改为：“侵犯著作权或者与著作权有关的权利的，侵权人应当按照权利人的实际损失给予赔偿；实际损失难以计算的，可以按照侵权人的违法所得给予赔偿；权利人的实际损失或者侵权人的违法所得难以计算的，可以参照该权利许可使用费的倍数给予赔偿。对故意侵犯著作权或者与著作权有关的权利，情节严重的，可以在按照上述方法确定数额的一倍以上五倍以下给予赔偿。

“权利人的实际损失、侵权人的违法所得、权利许可使用费难以计算的，由人民法院根据侵权行为的情节，判决给予五百万元以下的赔偿。

“赔偿数额还应当包括权利人为制止侵权行为所支付的合理开支。

“人民法院为确定赔偿数额，在权利人已经尽力举证，而与侵权行为相关的账簿、资料主要由侵权人掌握的情况下，可以责令侵权人提供与侵权行为相关的账簿、资料；侵权人不提供或者提供虚假的账簿、资料的，人民法院可以参考权利人的主张和提供的证据确定赔偿数额。”

二十八、增加一条，作为第五十四条：“著作权主管部门对涉嫌侵犯著作权和与著作权有关的权利的行为进行查处时，可以询问有关当事人，调查与涉嫌违法行为有关的情况；对当事人涉嫌违法行为的场所和物品实施现场检查；查阅、复制与涉嫌违法行为有关的合同、发票、账簿以及其他有关资料；对于涉嫌违法行为的场所和物品，可以查封或者扣押。

“著作权主管部门依法行使前款规定的职权时，当事人应当予以协助、配合，不得拒绝、阻挠。”

二十九、删去第三十五条、第三十七条第二款、第四十条第二款、第四十四条、第五十条、第五十一条、第五十四条、第五十六条。

三十、增加一条，作为第五十八条：“当事人因不履行合同义务或者履行合同义务不符合约定而承担民事责任，以及当事人行使诉讼权利、申请保全等，适用有关法律的规定。”

三十一、增加一条，作为第六十二条：“摄影作品，其发表权、本法第十条第一款第（五）项至第（十七）项规定的权利的保护期在　　年　月　日前已经届满、但依据本法第二十一条第一款的规定仍在保护期内的，不再保护。”

此外，对条款顺序和有关表述作了相应调整。

本修正案自　　年　月　日起施行。

《中华人民共和国著作权法》根据本修正案作相应修改，重新公布。

《中华人民共和国著作权法》修改前后对照表

（条文中黑体字部分为修改或者增加的内容）

修改前	修改后
第一章　总　　则	**第一章　总　　则**
第一条　为保护文学、艺术和科学作品作者的著作权，以及与著作权有关的权益，鼓励有益于社会主义精神文明、物质文明建设的作品的创作和传播，促进社会主义文化和科学事业的发展与繁荣，根据宪法制定本法。	**第一条**　为保护文学、艺术和科学作品作者的著作权，以及与著作权有关的权益，鼓励有益于社会主义精神文明、物质文明建设的作品的创作和传播，促进社会主义文化和科学事业的发展与繁荣，根据宪法制定本法。
第二条　中国**公民**、法人或者**其他组织**的作品，不论是否发表，依照本法享有著作权。 外国人、无国籍人的作品根据其作者所属国或者经常居住地国同中国签订的协议或者共同参加的国际条约享有的著作权，受本法保护。 外国人、无国籍人的作品首先在中国境内出版的，依照本法享有著作权。 未与中国签订协议或者共同参加国际条约的国家的作者以及无国籍人的作品首次在中国参加的国际条约的成员国出版的，或者在成员国和非成员国同时出版的，受本法保护。	**第二条**　中国**自然人**、法人或者**非法人组织**的作品，不论是否发表，依照本法享有著作权。 外国人、无国籍人的作品根据其作者所属国或者经常居住地国同中国签订的协议或者共同参加的国际条约享有的著作权，受本法保护。 外国人、无国籍人的作品首先在中国境内出版的，依照本法享有著作权。 未与中国签订协议或者共同参加国际条约的国家的作者以及无国籍人的作品首次在中国参加的国际条约的成员国出版的，或者在成员国和非成员国同时出版的，受本法保护。

续表

修改前	修改后
第三条 本法所称的作品，**包括以下列形式创作的文学、艺术和自然科学、社会科学、工程技术等作品**： （一）文字作品； （二）口述作品； （三）音乐、戏剧、曲艺、舞蹈、杂技艺术作品； （四）美术、建筑作品； （五）摄影作品； （六）**电影作品和以类似摄制电影的方法创作的**作品； （七）工程设计图、产品设计图、地图、示意图等图形作品和模型作品； （八）计算机软件； （九）法律、行政法规规定的其他作品。	**第三条** 本法所称的作品，**是指文学、艺术和科学领域内具有独创性并能以某种有形形式复制的智力成果，包括**： （一）文字作品； （二）口述作品； （三）音乐、戏剧、曲艺、舞蹈、杂技艺术作品； （四）美术、建筑作品； （五）摄影作品； （六）**视听**作品； （七）工程设计图、产品设计图、地图、示意图等图形作品和模型作品； （八）计算机软件； （九）法律、行政法规规定的其他作品。 **前款规定的作品可以向国家著作权主管部门认定的登记机构办理登记。**
第四条 著作权人行使著作权，不得违反宪法和法律，不得损害公共利益。国家对作品的出版、传播依法进行监督管理。	**第四条** 著作权人**和与著作权有关的权利人**行使著作权**或者与著作权有关的权利**，不得违反宪法和法律，不得损害公共利益，**不得滥用权利影响作品的正常传播**。国家对作品的出版、传播依法进行监督管理。
第五条 本法不适用于： （一）法律、法规，国家机关的决议、决定、命令和其他具有立法、行政、司法性质的文件，及其官方正式译文； （二）**时事新闻**； （三）历法、通用数表、通用表格和公式。	**第五条** 本法不适用于： （一）法律、法规，国家机关的决议、决定、命令和其他具有立法、行政、司法性质的文件，及其官方正式译文； （二）**单纯事实消息**； （三）历法、通用数表、通用表格和公式。

续表

修改前	修改后
第六条　民间文学艺术作品的著作权保护办法由国务院另行规定。	**第六条**　民间文学艺术作品的著作权保护办法由国务院另行规定。
第七条　**国务院著作权行政管理部门主管**全国的著作权管理工作；**各省、自治区、直辖市人民政府的著作权行政管理部门主管**本行政区域的著作权管理工作。	**第七条**　**国家著作权主管部门负责**全国的著作权管理工作；**县级以上地方主管著作权的部门负责**本行政区域的著作权管理工作。
第八条　著作权人和与著作权有关的权利人可以授权著作权集体管理组织行使著作权或者与著作权有关的权利。著作权集体管理组织被授权后，可以以自己的名义为著作权人和与著作权有关的权利人主张权利，并可以作为当事人进行涉及著作权或者与著作权有关的权利的诉讼、仲裁活动。 著作权集体管理组织**是非营利性组织，其**设立方式、权利义务、著作权许可使用费的收取和分配，以及对其监督和管理等由国务院另行规定。	**第八条**　著作权人和与著作权有关的权利人可以授权著作权集体管理组织行使著作权或者与著作权有关的权利。著作权集体管理组织**是非营利法人**，被授权后可以以自己的名义为著作权人和与著作权有关的权利人主张权利，并可以作为当事人进行涉及著作权或者与著作权有关的权利的诉讼、仲裁活动。 **著作权集体管理组织根据授权向使用者收取使用费。使用费收取标准由著作权集体管理组织和使用者代表协商确定，协商不成的，可以向国家著作权主管部门申请裁决或者向人民法院提起诉讼。** **著作权集体管理组织应当将许可使用费收取和转付、管理费提取和使用、使用费未分配部分等总体情况向社会公布，并应当建立权利信息查询系统，供权利人和使用者查询。国家著作权主管部门应当加强对著作权集体管理组织的监督、管理。** 著作权集体管理组织**的**设立方式、权利义务、著作权许可使用费的收取和分配，以及对其监督和管理等由国务院另行规定。

续表

修改前	修改后
第二章　著作权 第一节　著作权人及其权利	**第二章　著作权** 第一节　著作权人及其权利
第九条　著作权人包括： （一）作者； （二）其他依照本法享有著作权的**公民**、法人或者**其他组织**。	**第九条**　著作权人包括： （一）作者； （二）其他依照本法享有著作权的**自然人**、法人或者**非法人组织**。
第十条　著作权包括下列人身权和财产权： （一）发表权，即决定作品是否公之于众的权利； （二）署名权，即表明作者身份，在作品上署名的权利； （三）修改权，即修改或者授权他人修改作品的权利； （四）保护作品完整权，即保护作品不受歪曲、篡改的权利； （五）复制权，即以印刷、复印、拓印、录音、录像、翻录、翻拍等方式将作品制作一份或者多份的权利； （六）发行权，即以出售或者赠与方式向公众提供作品的原件或者复制件的权利； （七）出租权，即有偿许可他人临时使用**电影作品和以类似摄制电影的方法创作的**作品、计算机软件的权利，计算机软件不是出租的主要标的的除外； （八）展览权，即公开陈列美术作品、摄影作品的原件或者复制件的权利； （九）表演权，即公开表演作品，以及用各种手段公开播送作品的表演的权利； （十）放映权，即通过放映机、幻灯机等技术设备公开再现美术、摄影、**电影和以类似摄制电影的方法创作的**作品等的权利；	**第十条**　著作权包括下列人身权和财产权： （一）发表权，即决定作品是否公之于众的权利； （二）署名权，即表明作者身份，在作品上署名的权利； （三）修改权，即修改或者授权他人修改作品的权利； （四）保护作品完整权，即保护作品不受歪曲、篡改的权利； （五）复制权，即以印刷、复印、拓印、录音、录像、翻录、翻拍等方式将作品制作一份或者多份的权利； （六）发行权，即以出售或者赠与方式向公众提供作品的原件或者复制件的权利； （七）出租权，即有偿许可他人临时使用**视听**作品、计算机软件**的原件或者复制件**的权利，计算机软件不是出租的主要标的的除外； （八）展览权，即公开陈列美术作品、摄影作品的原件或者复制件的权利； （九）表演权，即公开表演作品，以及用各种手段公开播送作品的表演的权利； （十）放映权，即通过放映机、幻灯机等技术设备公开再现美术、摄影、**视听**作品等的权利；

续表

修 改 前	修 改 后
（十一）广播权，即以无线方式公开**广播或者传播**作品，**以有线传播或者转播的方式向公众传播广播的作品**，以及通过扩音器或者其他传送符号、声音、图像的类似工具向公众传播广播的作品的权利； （十二）信息网络传播权，即以有线或者无线方式向公众提供**作品**，使公众可以在**其个人**选定的时间和地点获得作品的权利； （十三）摄制权，即以摄制**电影或者以类似摄制电影**的方法将作品固定在载体上的权利； （十四）改编权，即改变作品，创作出具有独创性的新作品的权利； （十五）翻译权，即将作品从一种语言文字转换成另一种语言文字的权利； （十六）汇编权，即将作品或者作品的片段通过选择或者编排，汇集成新作品的权利； （十七）应当由著作权人享有的其他权利。 著作权人可以许可他人行使前款第（五）项至第（十七）项规定的权利，并依照约定或者本法有关规定获得报酬。 著作权人可以全部或者部分转让本条第一款第（五）项至第（十七）项规定的权利，并依照约定或者本法有关规定获得报酬。	（十一）广播权，即以**有线或者**无线方式公开**播放或者转播**作品，以及通过扩音器或者其他传送符号、声音、图像的类似工具向公众传播广播的作品的权利； （十二）信息网络传播权，即以有线或者无线方式向公众提供、使公众可以在选定的时间和地点获得作品的权利； （十三）摄制权，即以摄制**视听作品**的方法将作品固定在载体上的权利； （十四）改编权，即改变作品，创作出具有独创性的新作品的权利； （十五）翻译权，即将作品从一种语言文字转换成另一种语言文字的权利； （十六）汇编权，即将作品或者作品的片段通过选择或者编排，汇集成新作品的权利； （十七）应当由著作权人享有的其他权利。 著作权人可以许可他人行使前款第（五）项至第（十七）项规定的权利，并依照约定或者本法有关规定获得报酬。 著作权人可以全部或者部分转让本条第一款第（五）项至第（十七）项规定的权利，并依照约定或者本法有关规定获得报酬。

续表

修改前	**修改后**
第二节　著作权归属	第二节　著作权归属
第十一条　著作权属于作者，本法另有规定的除外。 创作作品的**公民**是作者。 由法人或者**其他组织**主持，代表法人或者**其他组织**意志创作，并由法人或者**其他组织**承担责任的作品，法人或者**其他组织**视为作者。 如无相反证明，在作品上署名的**公民**、法人或者**其他组织**为作者。	**第十一条**　著作权属于作者，本法另有规定的除外。 创作作品的**自然人**是作者。 由法人或者**非法人组织**主持，代表法人或者**非法人组织**意志创作，并由法人或者**非法人组织**承担责任的作品，法人或者**非法人组织**视为作者。 如无相反证明，在作品上署名的**自然人**、法人或者**非法人组织**为作者。
第十二条　改编、翻译、注释、整理已有作品而产生的作品，其著作权由改编、翻译、注释、整理人享有，但行使著作权时不得侵犯原作品的著作权。	**第十二条**　改编、翻译、注释、整理已有作品而产生的作品，其著作权由改编、翻译、注释、整理人享有，但行使著作权时不得侵犯原作品的著作权。 **使用改编、翻译、注释、整理已有作品而产生的作品，应当取得该作品的著作权人和原作品的著作权人许可。**
第十三条　两人以上合作创作的作品，著作权由合作作者共同享有。没有参加创作的人，不能成为合作作者。 合作作品可以分割使用的，作者对各自创作的部分可以单独享有著作权，但行使著作权时不得侵犯合作作品整体的著作权。	**第十三条**　两人以上合作创作的作品，著作权由合作作者共同享有，**通过协商一致行使；不能协商一致，又无正当理由的，任何一方不得阻止他方行使除转让、许可他人专有使用、出质以外的其他权利，但是所得收益应当合理分配给所有合作作者**。没有参加创作的人，不能成为合作作者。 合作作品可以分割使用的，作者对各自创作的部分可以单独享有著作权，但行使著作权时不得侵犯合作作品整体的著作权。

续表

修改前	修改后
第十四条　汇编若干作品、作品的片段或者不构成作品的数据或者其他材料，对其内容的选择或者编排体现独创性的作品，为汇编作品，其著作权由汇编人享有，但行使著作权时，不得侵犯原作品的著作权。	**第十四条**　汇编若干作品、作品的片段或者不构成作品的数据或者其他材料，对其内容的选择或者编排体现独创性的作品，为汇编作品，其著作权由汇编人享有，但行使著作权时，不得侵犯原作品的著作权。
第十五条　**电影作品和以类似摄制电影的方法创作的**作品的著作权由**制片者**享有，但编剧、导演、摄影、作词、作曲等作者享有署名权，并有权按照与**制片者**签订的合同获得报酬。 **电影作品和以类似摄制电影的方法创作的**作品中的剧本、音乐等可以单独使用的作品的作者有权单独行使其著作权。	**第十五条**　**视听**作品的著作权由**组织制作并承担责任的视听作品制作者**享有，但编剧、导演、摄影、作词、作曲等作者享有署名权，并有权按照与**视听作品制作者**签订的合同获得报酬。 **视听**作品中的剧本、音乐等可以单独使用的作品的作者有权单独行使其著作权。
第十六条　**公民**为完成法人或者**其他组织**工作任务所创作的作品是职务作品，除本条第二款的规定以外，著作权由作者享有，但法人或者**其他组织**有权在其业务范围内优先使用。作品完成两年内，未经单位同意，作者不得许可第三人以与单位使用的相同方式使用该作品。 有下列情形之一的职务作品，作者享有署名权，著作权的其他权利由法人或者**其他组织**享有，法人或者**其他组织**可以给予作者奖励： （一）主要是利用法人或者**其他组织**的物质技术条件创作，并由法人或者**其他组织**承担责任的工程设计图、产品设计图、地图、计算机软件等职务作品；	**第十六条**　**自然人**为完成法人或者**非法人组织**工作任务所创作的作品是职务作品，除本条第二款的规定以外，著作权由作者享有，但法人或者**非法人组织**有权在其业务范围内优先使用。作品完成两年内，未经单位同意，作者不得许可第三人以与单位使用的相同方式使用该作品。 有下列情形之一的职务作品，作者享有署名权，著作权的其他权利由法人或者**非法人组织**享有，法人或者**非法人组织**可以给予作者奖励： （一）主要是利用法人或者**非法人组织**的物质技术条件创作，并由法人或者**非法人组织**承担责任的工程设计图、产品设计图、地图、计算机软件等职务作品；

续表

修改前	修改后
（二）法律、行政法规规定或者合同约定著作权由法人或者**其他组织**享有的职务作品。	（二）**报社、期刊社、通讯社、广播电台、电视台及所属媒体的工作人员创作的职务作品；** （三）法律、行政法规规定或者合同约定著作权由法人或者**非法人组织**享有的职务作品。
第十七条 受委托创作的作品，著作权的归属由委托人和受托人通过合同约定。合同未作明确约定或者没有订立合同的，著作权属于受托人。	**第十七条** 受委托创作的作品，著作权的归属由委托人和受托人通过合同约定。合同未作明确约定或者没有订立合同的，著作权属于受托人。
第十八条 **美术等**作品原件所有权的**转移**，不**视为**作品著作权的**转移**，但美术作品原件的展览权由原件所有人享有。	**第十八条** 作品原件所有权的**转让**，不**改变**作品著作权的**归属**，但美术、**摄影**作品原件的展览权由原件所有人享有。 **作者将未发表的美术、摄影作品的原件所有权转让给他人，受让人展览该原件不构成对作者发表权的侵犯。**
第十九条 著作权属于**公民**的，**公民**死亡后，其本法第十条第一款第（五）项至第（十七）项规定的权利在本法规定的保护期内，依照继承法的规定转移。 著作权属于法人或者**其他组织**的，法人或者**其他组织**变更、终止后，其本法第十条第一款第（五）项至第（十七）项规定的权利在本法规定的保护期内，由承受其权利义务的法人或者**其他组织**享有；没有承受其权利义务的法人或者**其他组织**的，由国家享有。	**第十九条** 著作权属于**自然人**的，**自然人**死亡后，其本法第十条第一款第（五）项至第（十七）项规定的权利在本法规定的保护期内，依照继承法的规定转移。 著作权属于法人或者**非法人组织**的，法人或者**非法人组织**变更、终止后，其本法第十条第一款第（五）项至第（十七）项规定的权利在本法规定的保护期内，由承受其权利义务的法人或者**非法人组织**享有；没有承受其权利义务的法人或者**非法人组织**的，由国家享有。

续表

修改前	修改后
第三节　权利的保护期	第三节　权利的保护期
第二十条　作者的署名权、修改权、保护作品完整权的保护期不受限制。	**第二十条**　作者的署名权、修改权、保护作品完整权的保护期不受限制。
第二十一条　**公民**的作品，其发表权、本法第十条第一款第（五）项至第（十七）项规定的权利的保护期为作者终生及其死亡后五十年，截止于作者死亡后第五十年的12月31日；如果是合作作品，截止于最后死亡的作者死亡后第五十年的12月31日。 法人或者**其他组织**的作品、著作权（署名权除外）由法人或者**其他组织**享有的职务作品，其发表权、本法第十条第一款第（五）项至第（十七）项规定的权利的保护期为五十年，截止于作品首次发表后第五十年的12月31日，但作品自创作完成后五十年内未发表的，本法不再保护。 **电影作品和以类似摄制电影的方法创作的**作品、**摄影作品**，其发表权、本法第十条第一款第（五）项至第（十七）项规定的权利的保护期为五十年，截止于作品首次发表后第五十年的12月31日，但作品自创作完成后五十年内未发表的，本法不再保护。	**第二十一条**　**自然人**的作品，其发表权、本法第十条第一款第（五）项至第（十七）项规定的权利的保护期为作者终生及其死亡后五十年，截止于作者死亡后第五十年的12月31日；如果是合作作品，截止于最后死亡的作者死亡后第五十年的12月31日。 法人或者**非法人组织**的作品、著作权（署名权除外）由法人或者**非法人组织**享有的职务作品，其发表权、本法第十条第一款第（五）项至第（十七）项规定的权利的保护期为五十年，截止于作品首次发表后第五十年的12月31日，但作品自创作完成后五十年内未发表的，本法不再保护。 **视听**作品，其发表权、本法第十条第一款第（五）项至第（十七）项规定的权利的保护期为五十年，截止于作品首次发表后第五十年的12月31日，但作品自创作完成后五十年内未发表的，本法不再保护。
第四节　权利的限制	第四节　权利的限制
第二十二条　在下列情况下使用作品，可以不经著作权人许可，不向其支付报酬，但应当指明作者姓名、作品名称，并且**不得侵犯著作权人依照本法享有的其他权利**：	**第二十二条**　在下列情况下使用作品，可以不经著作权人许可，不向其支付报酬，但应当指明作者姓名、作品名称，并且**不得影响该作品的正常使用，也不得不合理地损害著作权人的合法权益**：

续表

修改前	修改后
（一）为个人学习、研究或者欣赏，使用他人已经发表的作品； （二）为介绍、评论某一作品或者说明某一问题，在作品中适当引用他人已经发表的作品； （三）为报道**时事**新闻，在报纸、期刊、广播电台、电视台等媒体中不可避免地再现或者引用已经发表的作品； （四）报纸、期刊、广播电台、电视台等媒体刊登或者播放其他报纸、期刊、广播电台、电视台等媒体已经发表的关于政治、经济、宗教问题的时事性文章，但作者声明不许刊登、播放的除外； （五）报纸、期刊、广播电台、电视台等媒体刊登或者播放在公众集会上发表的讲话，但作者声明不许刊登、播放的除外； （六）为学校课堂教学或者科学研究，翻译或者少量复制已经发表的作品，供教学或者科研人员使用，但不得出版发行； （七）国家机关为执行公务在合理范围内使用已经发表的作品； （八）图书馆、档案馆、纪念馆、博物馆、美术馆等为陈列或者保存版本的需要，复制本馆收藏的作品； （九）免费表演已经发表的作品，该表演未向公众收取费用，也未向表演者支付报酬；	（一）为个人学习、研究或者欣赏，使用他人已经发表的作品； （二）为介绍、评论某一作品或者说明某一问题，在作品中适当引用他人已经发表的作品； （三）为报道新闻，在报纸、期刊、广播电台、电视台等媒体中不可避免地再现或者引用已经发表的作品； （四）报纸、期刊、广播电台、电视台等媒体刊登或者播放其他报纸、期刊、广播电台、电视台等媒体已经发表的关于政治、经济、宗教问题的时事性文章，但作者声明不许刊登、播放的除外； （五）报纸、期刊、广播电台、电视台等媒体刊登或者播放在公众集会上发表的讲话，但作者声明不许刊登、播放的除外； （六）为学校课堂教学或者科学研究，翻译、**播放**或者少量复制已经发表的作品，供教学或者科研人员使用，但不得出版发行； （七）国家机关为执行公务在合理范围内使用已经发表的作品； （八）图书馆、档案馆、纪念馆、博物馆、美术馆等为陈列或者保存版本的需要，复制本馆收藏的作品； （九）免费表演已经发表的作品，该表演未向公众收取费用，也未向表演者支付报酬；

续表

修改前	修改后
（十）对设置或者陈列在**室外**公共场所的艺术作品进行临摹、绘画、摄影、录像； （十一）将中国**公民**、法人或者**其他组织**已经发表的以汉语言文字创作的作品翻译成少数民族语言文字作品在国内出版发行； （十二）**将已经发表的作品改成盲文出版**。 前款规定适用于对出版者、表演者、录音录像制作者、广播电台、电视台的权利的限制。	（十）对设置或者陈列在公共场所的艺术作品进行临摹、绘画、摄影、录像； （十一）将中国**自然人**、法人或者**非法人组织**已经发表的以汉语言文字创作的作品翻译成少数民族语言文字作品在国内出版发行； （十二）**以阅读障碍者能够感知的独特方式向其提供已经发表的作品**。 前款规定适用于对出版者、表演者、录音录像制作者、广播电台、电视台的权利的限制。
第二十三条　为实施**九年制**义务教育和国家教育规划而编写出版教科书，**除作者事先声明不许使用的外**，可以不经著作权人许可，在教科书中汇编已经发表的作品片段或者短小的文字作品、音乐作品或者单幅的美术作品、摄影作品，但应当按照规定支付报酬，指明作者姓名、作品名称，并且不得侵犯著作权人依照本法享有的其他权利。 前款规定适用于对出版者、表演者、录音录像制作者、广播电台、电视台的权利的限制。	**第二十三条**　为实施义务教育和国家教育规划而编写出版教科书，可以不经著作权人许可，在教科书中汇编已经发表的作品片段或者短小的文字作品、音乐作品或者单幅的美术作品、摄影作品、**图形作品**，但应当按照规定支付报酬，指明作者姓名、作品名称，并且不得侵犯著作权人依照本法享有的其他权利。 前款规定适用于对出版者、表演者、录音录像制作者、广播电台、电视台的权利的限制。
第三章　著作权许可使用和转让合同	**第三章　著作权许可使用和转让合同**
第二十四条　使用他人作品应当同著作权人订立许可使用合同，本法规定可以不经许可的除外。 许可使用合同包括下列主要内容：	**第二十四条**　使用他人作品应当同著作权人订立许可使用合同，本法规定可以不经许可的除外。 许可使用合同包括下列主要内容：

续表

修改前	修改后
（一）许可使用的权利种类； （二）许可使用的权利是专有使用权或者非专有使用权； （三）许可使用的地域范围、期间； （四）付酬标准和办法； （五）违约责任； （六）双方认为需要约定的其他内容。	（一）许可使用的权利种类； （二）许可使用的权利是专有使用权或者非专有使用权； （三）许可使用的地域范围、期间； （四）付酬标准和办法； （五）违约责任； （六）双方认为需要约定的其他内容。
第二十五条 转让本法第十条第一款第（五）项至第（十七）项规定的权利，应当订立书面合同。 权利转让合同包括下列主要内容： （一）作品的名称； （二）转让的权利种类、地域范围； （三）转让价金； （四）交付转让价金的日期和方式； （五）违约责任； （六）双方认为需要约定的其他内容。	**第二十五条** 转让本法第十条第一款第（五）项至第（十七）项规定的权利，应当订立书面合同。 权利转让合同包括下列主要内容： （一）作品的名称； （二）转让的权利种类、地域范围； （三）转让价金； （四）交付转让价金的日期和方式； （五）违约责任； （六）双方认为需要约定的其他内容。
第二十六条 以著作权出质的，由出质人和质权人向**国务院著作权行政管理部门**办理出质登记。	**第二十六条** 以著作权出质的，由出质人和质权人向**国家著作权主管部门**办理出质登记。
第二十七条 许可使用合同和转让合同中著作权人未明确许可、转让的权利，未经著作权人同意，另一方当事人不得行使。	**第二十七条** 许可使用合同和转让合同中著作权人未明确许可、转让的权利，未经著作权人同意，另一方当事人不得行使。

续表

修改前	修改后
第二十八条　使用作品的付酬标准可以由当事人约定，也可以按照**国务院著作权行政管理部门**会同有关部门制定的付酬标准支付报酬。当事人约定不明确的，按照**国务院著作权行政管理部门**会同有关部门制定的付酬标准支付报酬。	**第二十八条**　使用作品的付酬标准可以由当事人约定，也可以按照**国家著作权主管部门**会同有关部门制定的付酬标准支付报酬。当事人约定不明确的，按照**国家著作权主管部门**会同有关部门制定的付酬标准支付报酬。
第二十九条　出版者、表演者、录音录像制作者、广播电台、电视台等依照本法有关规定使用他人作品的，不得侵犯作者的署名权、修改权、保护作品完整权和获得报酬的权利。	**第二十九条**　出版者、表演者、录音录像制作者、广播电台、电视台等依照本法有关规定使用他人作品的，不得侵犯作者的署名权、修改权、保护作品完整权和获得报酬的权利。
第四章　出版、表演、录音录像、播放	**第四章　出版、表演、录音录像、播放**
第一节　图书、报刊的出版	第一节　图书、报刊的出版
第三十条　图书出版者出版图书应当和著作权人订立出版合同，并支付报酬。	**第三十条**　图书出版者出版图书应当和著作权人订立出版合同，并支付报酬。
第三十一条　图书出版者对著作权人交付出版的作品，按照合同约定享有的专有出版权受法律保护，他人不得出版该作品。	**第三十一条**　图书出版者对著作权人交付出版的作品，按照合同约定享有的专有出版权受法律保护，他人不得出版该作品。
第三十二条　著作权人应当按照合同约定期限交付作品。图书出版者应当按照合同约定的出版质量、期限出版图书。 图书出版者不按照合同约定期限出版，应当依照本法第五十**四**条的规定承担民事责任。	**第三十二条**　著作权人应当按照合同约定期限交付作品。图书出版者应当按照合同约定的出版质量、期限出版图书。 图书出版者不按照合同约定期限出版，应当依照本法第五十八条的规定承担民事责任。

续表

修改前	修改后
图书出版者重印、再版作品的，应当通知著作权人，并支付报酬。图书脱销后，图书出版者拒绝重印、再版的，著作权人有权终止合同。	图书出版者重印、再版作品的，应当通知著作权人，并支付报酬。图书脱销后，图书出版者拒绝重印、再版的，著作权人有权终止合同。
第三十三条 著作权人向报社、期刊社投稿的，自稿件发出之日起十五日内未收到报社通知决定刊登的，或者自稿件发出之日起三十日内未收到期刊社通知决定刊登的，可以将同一作品向其他报社、期刊社投稿。双方另有约定的除外。 作品刊登后，除著作权人声明不得转载、摘编的外，其他报刊可以转载或者作为文摘、资料刊登，但应当按照规定向著作权人支付报酬。	**第三十三条** 著作权人向报社、期刊社投稿的，自稿件发出之日起十五日内未收到报社通知决定刊登的，或者自稿件发出之日起三十日内未收到期刊社通知决定刊登的，可以将同一作品向其他报社、期刊社投稿。双方另有约定的除外。 作品刊登后，除著作权人声明不得转载、摘编的外，其他报刊可以转载或者作为文摘、资料刊登，但应当按照规定向著作权人支付报酬。
第三十四条 图书出版者经作者许可，可以对作品修改、删节。 报社、期刊社可以对作品作文字性修改、删节。对内容的修改，应当经作者许可。	**第三十四条** 图书出版者经作者许可，可以对作品修改、删节。 报社、期刊社可以对作品作文字性修改、删节。对内容的修改，应当经作者许可。
第三十五条 出版改编、翻译、注释、整理、汇编已有作品而产生的作品，应当取得改编、翻译、注释、整理、汇编作品的著作权人和原作品的著作权人许可，并支付报酬。	**删去**
第三十六条 出版者有权许可或者禁止他人使用其出版的图书、期刊的版式设计。	**第三十五条** 出版者有权许可或者禁止他人使用其出版的图书、期刊的版式设计。

续表

修 改 前	修 改 后
前款规定的权利的保护期为十年，截止于使用该版式设计的图书、期刊首次出版后第十年的 12 月 31 日。	前款规定的权利的保护期为十年，截止于使用该版式设计的图书、期刊首次出版后第十年的 12 月 31 日。
第二节　表　演	第二节　表　演
第三十七条　使用他人作品演出，表演者（演员、演出单位）应当取得著作权人许可，并支付报酬。演出组织者组织演出，由该组织者取得著作权人许可，并支付报酬。 **使用改编、翻译、注释、整理已有作品而产生的作品进行演出，应当取得改编、翻译、注释、整理作品的著作权人和原作品的著作权人许可，并支付报酬。**	**第三十六条**　使用他人作品演出，表演者（演员、演出单位）应当取得著作权人许可，并支付报酬。演出组织者组织演出，由该组织者取得著作权人许可，并支付报酬。
第三十八条　表演者对其表演享有下列权利： （一）表明表演者身份； （二）保护表演形象不受歪曲； （三）许可他人从现场直播和公开传送其现场表演，并获得报酬； （四）许可他人录音录像，并获得报酬； （五）许可他人复制、发行录有其表演的录音录像制品，并获得报酬； （六）许可他人通过信息网络向公众传播其表演，并获得报酬。 被许可人以前款第（三）项至第（六）项规定的方式使用作品，还应当取得著作权人许可，并支付报酬。	**第三十七条**　表演者对其表演享有下列权利： （一）表明表演者身份； （二）保护表演形象不受歪曲； （三）许可他人从现场直播和公开传送其现场表演，并获得报酬； （四）许可他人录音录像，并获得报酬； （五）许可他人复制、发行、**出租**录有其表演的录音录像制品，并获得报酬； （六）许可他人通过信息网络向公众传播其表演，并获得报酬。 被许可人以前款第（三）项至第（六）项规定的方式使用作品，还应当取得著作权人许可，并支付报酬。

续表

修改前	修改后
	第三十八条　演员为完成本演出单位的演出任务进行的表演为职务表演，演员享有表明身份的权利，其他权利归属由当事人约定。当事人没有约定或者约定不明的，职务表演的权利由演出单位享有。 **职务表演的权利由演员享有的，演出单位可以在其业务范围内免费使用该表演。**
第三十九条　本法第三十八条第一款第（一）项、第（二）项规定的权利的保护期不受限制。 本法第三十八条第一款第（三）项至第（六）项规定的权利的保护期为五十年，截止于该表演发生后第五十年的12月31日。	**第三十九条**　本法第三十**七**条第一款第（一）项、第（二）项规定的权利的保护期不受限制。 本法第三十**七**条第一款第（三）项至第（六）项规定的权利的保护期为五十年，截止于该表演发生后第五十年的12月31日。
第三节　录音录像	第三节　录音录像
第四十条　录音录像制作者使用他人作品制作录音录像制品，应当取得著作权人许可，并支付报酬。 **录音录像制作者使用改编、翻译、注释、整理已有作品而产生的作品，应当取得改编、翻译、注释、整理作品的著作权人和原作品著作权人许可，并支付报酬。** 录音制作者使用他人已经合法录制为录音制品的音乐作品制作录音制品，可以不经著作权人许可，但应当按照规定支付报酬；著作权人声明不许使用的不得使用。	**第四十条**　录音录像制作者使用他人作品制作录音录像制品，应当取得著作权人许可，并支付报酬。 录音制作者使用他人已经合法录制为录音制品的音乐作品制作录音制品，可以不经著作权人许可，但应当按照规定支付报酬；著作权人声明不许使用的不得使用。

续表

修改前	修改后
第四十一条　录音录像制作者制作录音录像制品，应当同表演者订立合同，并支付报酬。	**第四十一条**　录音录像制作者制作录音录像制品，应当同表演者订立合同，并支付报酬。
第四十二条　录音录像制作者对其制作的录音录像制品，享有许可他人复制、发行、出租、通过信息网络向公众传播并获得报酬的权利；权利的保护期为五十年，截止于该制品首次制作完成后第五十年的12月31日。 被许可人复制、发行、通过信息网络向公众传播录音录像制品，还应当取得著作权人、表演者许可，并支付报酬。	**第四十二条**　录音录像制作者对其制作的录音录像制品，享有许可他人复制、发行、出租、通过信息网络向公众传播并获得报酬的权利；权利的保护期为五十年，截止于该制品首次制作完成后第五十年的12月31日。 被许可人复制、发行、通过信息网络向公众传播录音录像制品，还应当取得著作权人、表演者许可，并支付报酬。
	第四十三条　将录音制品用于无线或者有线播放，或者通过传送声音的技术设备向公众传播的，应当向录音制作者支付报酬。
第四节　广播电台、电视台播放	第四节　广播电台、电视台播放
第四十三条　广播电台、电视台播放他人未发表的作品，应当取得著作权人许可，并支付报酬。 广播电台、电视台播放他人已发表的作品，可以不经著作权人许可，但应当支付报酬。	**第四十四条**　广播电台、电视台播放他人未发表的作品，应当取得著作权人许可，并支付报酬。 广播电台、电视台播放他人已发表的作品，可以不经著作权人许可，但应当支付报酬。
第四十四条　广播电台、电视台播放已经出版的录音制品，可以不经著作权人许可，但应当支付报酬。当事人另有约定的除外。具体办法由国务院规定。	**删去**

续表

修改前	修改后
第四十五条 广播电台、电视台**有权禁止未经其许可的下列行为**： （一）**将其播放的广播、电视**转播； （二）**将其播放的广播、电视**录制**在音像载体**上以及复制**音像载体**。 前款规定的权利的保护期为五十年，截止于该**广播、电视**首次播放后第五十年的12月31日。	**第四十五条** 广播电台、电视台**对其播放的载有节目的信号享有下列权利**： （一）**许可他人**转播； （二）**许可他人**录制以及复制； **（三）许可他人通过信息网络向公众传播**。 前款规定的权利的保护期为五十年，截止于该**信号**首次播放后第五十年的12月31日。
第四十六条 电视台播放他人的**电影作品和以类似摄制电影的方法创作的**作品、录像制品，应当取得**制片者**或者录像制作者许可，并支付报酬；播放他人的录像制品，还应当取得著作权人许可，并支付报酬。	**第四十六条** 电视台播放他人的**视听**作品、录像制品，应当取得**视听作品制作者**或者录像制作者许可，并支付报酬；播放他人的录像制品，还应当取得著作权人许可，并支付报酬。
第五章 法律责任和执法措施	**第五章 著作权和与著作权有关的权利的保护**
	第四十七条 为保护著作权和与著作权有关的权利，权利人可以采取技术措施。 **未经许可，任何组织或者个人不得故意避开或者破坏技术措施，不得以避开或者破坏技术措施为目的制造、进口或者向公众提供有关装置或者部件，不得故意为他人避开或者破坏技术措施提供技术服务。但是，法律、行政法规规定可以避开的情形除外。**

续表

修改前	修改后
	第四十八条　下列情形可以避开技术措施，但不得向他人提供避开技术措施的技术、装置或者部件，不得侵犯权利人依法享有的其他权利： （一）为学校课堂教学或者科学研究，向少数教学、科研人员提供已经发表的作品、版式设计、表演、录音录像制品或者广播电台、电视台播放的载有节目的信号，而该作品、版式设计、表演、录音录像制品或者广播电台、电视台播放的载有节目的信号无法通过正常途径获取； （二）不以营利为目的，以阅读障碍者能够感知的独特方式向其提供已经发表的作品，而该作品无法通过正常途径获取； （三）国家机关依照行政、司法程序执行公务； （四）对计算机及其系统或者网络的安全性能进行测试； （五）进行加密研究或者计算机软件反向工程研究。
	第四十九条　未经权利人许可，不得进行下列行为： （一）故意删除或者改变作品、版式设计、表演、录音录像制品或者广播电台、电视台播放的载有节目的信号上的权利管理信息，但由于技术上的原因无法避免的除外； （二）知道或者应当知道作品、版式设计、表演、录音录像制品或者广播电台、电视台播放的载有节目的信号上的权利管理信息未经许可被删除或者改变，仍然向公众提供。

续表

修 改 前	修 改 后
	第五十条　滥用著作权或者与著作权有关的权利，扰乱传播秩序的，由著作权主管部门责令改正，予以警告，没收违法所得，非法经营额五万元以上的，可以并处非法经营额一倍以上五倍以下的罚款；没有非法经营额、非法经营额难以计算或者不足五万元的，可以并处二十五万元以下的罚款。
第四十七条　有下列侵权行为的，应当根据情况，承担停止侵害、消除影响、赔礼道歉、赔偿损失等民事责任： （一）未经著作权人许可，发表其作品的； （二）未经合作作者许可，将与他人合作创作的作品当作自己单独创作的作品发表的； （三）没有参加创作，为谋取个人名利，在他人作品上署名的； （四）歪曲、篡改他人作品的； （五）剽窃他人作品的； （六）未经著作权人许可，以展览、摄制**电影和以类似摄制电影**的方法使用作品，或者以改编、翻译、注释等方式使用作品的，本法另有规定的除外； （七）使用他人作品，应当支付报酬而未支付的； （八）未经**电影作品和以类似摄制电影的方法创作的**作品、计算机软件、录音录像制品的著作权人或者与著作权有关的权利人许可，出租其作品或者录音录像制品的，本法另有规定的除外；	**第五十一条**　有下列侵权行为的，应当根据情况，承担停止侵害、消除影响、赔礼道歉、赔偿损失等民事责任： （一）未经著作权人许可，发表其作品的； （二）未经合作作者许可，将与他人合作创作的作品当作自己单独创作的作品发表的； （三）没有参加创作，为谋取个人名利，在他人作品上署名的； （四）歪曲、篡改他人作品的； （五）剽窃他人作品的； （六）未经著作权人许可，以展览、摄制**视听作品**的方法使用作品，或者以改编、翻译、注释等方式使用作品的，本法另有规定的除外； （七）使用他人作品，应当支付报酬而未支付的； （八）未经**视听**作品、计算机软件、录音录像制品的著作权人或者与著作权有关的权利人许可，出租其作品或者录音录像制品的**原件或者复制件的**，本法另有规定的除外； （九）未经出版者许可，使用其出版的图书、期刊的版式设计的；

续表

修改前	修改后
（九）未经出版者许可，使用其出版的图书、期刊的版式设计的； （十）未经表演者许可，从现场直播或者公开传送其现场表演，或者录制其表演的； （十一）其他侵犯著作权以及与著作权有关的权益的行为。	（十）未经表演者许可，从现场直播或者公开传送其现场表演，或者录制其表演的； （十一）其他侵犯著作权以及与著作权有关的权益的行为。
第四十八条　有下列侵权行为的，**应当根据情况，承担停止侵害、消除影响、赔礼道歉、赔偿损失等**民事责任；**同时**损害公共利益的，**可以**由著作权**行政管理**部门责令停止侵权行为，没收违法所得，没收、销毁侵权复制品，**并可处以罚款；情节严重的，著作权行政管理部门还可以**没收主要用于制作侵权复制品的材料、工具、设备等；构成犯罪的，依法追究刑事责任： （一）未经著作权人许可，复制、发行、表演、放映、广播、汇编、通过信息网络向公众传播其作品的，本法另有规定的除外； （二）出版他人享有专有出版权的图书的； （三）未经表演者许可，复制、发行录有其表演的录音录像制品，或者通过信息网络向公众传播其表演的，本法另有规定的除外； （四）未经录音录像制作者许可，复制、发行、通过信息网络向公众传播其制作的录音录像制品的，本法另有规定的除外； （五）未经许可，播放**或者**复制**广播、电视**的，本法另有规定的除外；	**第五十二条**　有下列侵权行为，损害公共利益的，**除承担本法第五十一条规定的**民事责任**外**，由著作权**主管**部门责令停止侵权行为，**予以警告**，没收违法所得，没收、销毁侵权复制品，没收主要用于制作侵权复制品的材料、工具、设备等，**非法经营额五万元以上的，可以并处非法经营额一倍以上五倍以下的罚款；没有非法经营额、非法经营额难以计算或者不足五万元的，可以并处二十五万元以下的罚款**；构成犯罪的，依法追究刑事责任： （一）未经著作权人许可，复制、发行、表演、放映、广播、汇编、通过信息网络向公众传播其作品的，本法另有规定的除外； （二）出版他人享有专有出版权的图书的； （三）未经表演者许可，复制、发行、**出租**录有其表演的录音录像制品，或者通过信息网络向公众传播其表演的，本法另有规定的除外； （四）未经录音录像制作者许可，复制、发行、通过信息网络向公众传播其制作的录音录像制品的，本法另有规定的除外；

续表

修改前	修改后
（六）未经著作权人或者与著作权有关的权利人许可，故意避开或者破坏**权利人为其作品、录音录像制品等采取的保护著作权或者与著作权有关的权利的**技术措施的，法律、行政法规另有规定的除外； （七）未经著作权人或者与著作权有关的权利人许可，故意删除或者改变作品、录音录像制品等的权利管理**电子**信息的，法律、行政法规另有规定的除外； （八）制作、出售假冒他人署名的作品的。	（五）未经许可，播放、复制或者**通过信息网络向公众传播广播电台、电视台播放的载有节目的信号**的，本法另有规定的除外； （六）未经著作权人或者与著作权有关的权利人许可，故意避开或者破坏技术措施的，**故意制造、进口或者向他人提供主要用于避开、破坏技术措施的装置或者部件的，或者故意为他人避开或者破坏技术措施提供技术服务的**，法律、行政法规另有规定的除外； （七）未经著作权人或者与著作权有关的权利人许可，故意删除或者改变作品、**版式设计、表演**、录音录像制品**或者广播电台、电视台播放的载有节目的信号**上的权利管理信息的，**知道或者应当知道作品、版式设计、表演、录音录像制品或者广播电台、电视台播放的载有节目的信号上的权利管理信息未经许可被删除或者改变，仍然向公众提供的**，法律、行政法规另有规定的除外； （八）制作、出售假冒他人署名的作品的。
第四十九条　侵犯著作权或者与著作权有关的权利的，侵权人应当按照权利人的实际损失给予赔偿；实际损失难以计算的，可以按照侵权人的违法所得给予赔偿。赔偿数额还应当包括权利人为制止侵权行为所支付的合理开支。	**第五十三条**　侵犯著作权或者与著作权有关的权利的，侵权人应当按照权利人的实际损失给予赔偿；实际损失难以计算的，可以按照侵权人的违法所得给予赔偿；**权利人的实际损失或者侵权人的违法所得难以计算的，可以参照该权利许可使用费的倍数给予赔偿。对故意侵犯著作权或者与著作权有关的权利，情节严重的，可以在按照上述方法确定数额的一倍以上五倍以下给予赔偿。**

续表

修 改 前	修 改 后
权利人的实际损失**或者**侵权人的违法所得**不能确定**的，由人民法院根据侵权行为的情节，判决给予五十万元以下的赔偿。	权利人的实际损失、侵权人的违法所得、**权利许可使用费难以计算**的，由人民法院根据侵权行为的情节，判决给予**五百**万元以下的赔偿。 赔偿数额还应当包括权利人为制止侵权行为所支付的合理开支。 **人民法院为确定赔偿数额，在权利人已经尽力举证，而与侵权行为相关的账簿、资料主要由侵权人掌握的情况下，可以责令侵权人提供与侵权行为相关的账簿、资料；侵权人不提供或者提供虚假的账簿、资料的，人民法院可以参考权利人的主张和提供的证据确定赔偿数额。**
	第五十四条　著作权主管部门对涉嫌侵犯著作权和与著作权有关的权利的行为进行查处时，可以询问有关当事人，调查与涉嫌违法行为有关的情况；对当事人涉嫌违法行为的场所和物品实施现场检查；查阅、复制与涉嫌违法行为有关的合同、发票、账簿以及其他有关资料；对于涉嫌违法行为的场所和物品，可以查封或者扣押。 **著作权主管部门依法行使前款规定的职权时，当事人应当予以协助、配合，不得拒绝、阻挠。**

续表

修改前	修改后
第五十条 著作权人或者与著作权有关的权利人有证据证明他人正在实施或者即将实施侵犯其权利的行为，如不及时制止将会使其合法权益受到难以弥补的损害的，可以在起诉前向人民法院申请采取责令停止有关行为和财产保全的措施。 人民法院处理前款申请，适用《中华人民共和国民事诉讼法》第九十三条至第九十六条和第九十九条的规定。	删去
第五十一条 为制止侵权行为，在证据可能灭失或者以后难以取得的情况下，著作权人或者与著作权有关的权利人可以在起诉前向人民法院申请保全证据。 人民法院接受申请后，必须在四十八小时内作出裁定；裁定采取保全措施的，应当立即开始执行。 人民法院可以责令申请人提供担保，申请人不提供担保的，驳回申请。 申请人在人民法院采取保全措施后十五日内不起诉的，人民法院应当解除保全措施。	删去
第五十二条 人民法院审理案件，对于侵犯著作权或者与著作权有关的权利的，可以没收违法所得、侵权复制品以及进行违法活动的财物。	**第五十五条** 人民法院审理案件，对于侵犯著作权或者与著作权有关的权利的，可以没收违法所得、侵权复制品以及进行违法活动的财物。

续表

修改前	修改后
第五十三条　复制品的出版者、制作者不能证明其出版、制作有合法授权的，复制品的发行者或者**电影作品或者以类似摄制电影的方法创作的**作品、计算机软件、录音录像制品的复制品的出租者不能证明其发行、出租的复制品有合法来源的，应当承担法律责任。	**第五十六条**　复制品的出版者、制作者不能证明其出版、制作有合法授权的，复制品的发行者或者**视听**作品、计算机软件、录音录像制品的复制品的出租者不能证明其发行、出租的复制品有合法来源的，应当承担法律责任。
第五十四条　当事人不履行合同义务或者履行合同义务不符合约定条件的，应当依照《中华人民共和国民法通则》、《中华人民共和国合同法》等有关法律规定承担民事责任。	**删去**
第五十五条　著作权纠纷可以调解，也可以根据当事人达成的书面仲裁协议或者著作权合同中的仲裁条款，向仲裁机构申请仲裁。 当事人没有书面仲裁协议，也没有在著作权合同中订立仲裁条款的，可以直接向人民法院起诉。	**第五十七条**　著作权纠纷可以调解，也可以根据当事人达成的书面仲裁协议或者著作权合同中的仲裁条款，向仲裁机构申请仲裁。 当事人没有书面仲裁协议，也没有在著作权合同中订立仲裁条款的，可以直接向人民法院起诉。
第五十六条　当事人对行政处罚不服的，可以自收到行政处罚决定书之日起三个月内向人民法院起诉，期满不起诉又不履行的，著作权行政管理部门可以申请人民法院执行。	**删去**

续表

修改前	修改后
	第五十八条　当事人因不履行合同义务或者履行合同义务不符合约定而承担民事责任，以及当事人行使诉讼权利、申请保全等，适用有关法律的规定。
第六章　附则	第六章　附则
第五十七条　本法所称的著作权即版权。	**第五十九条**　本法所称的著作权即版权。
第五十八条　本法第二条所称的出版，指作品的复制、发行。	**第六十条**　本法第二条所称的出版，指作品的复制、发行。
第五十九条　计算机软件、信息网络传播权的保护办法由国务院另行规定。	**第六十一条**　计算机软件、信息网络传播权的保护办法由国务院另行规定。
	第六十二条　摄影作品，其发表权、本法第十条第一款第（五）项至第（十七）项规定的权利的保护期在　　年　月　日前已经届满、但依据本法第二十一条第一款的规定仍在保护期内的，不再保护。
第六十条　本法规定的著作权人和出版者、表演者、录音录像制作者、广播电台、电视台的权利，在本法施行之日尚未超过本法规定的保护期的，依照本法予以保护。 本法施行前发生的侵权或者违约行为，依照侵权或者违约行为发生时的有关规定和政策处理。	**第六十三条**　本法规定的著作权人和出版者、表演者、录音录像制作者、广播电台、电视台的权利，在本法施行之日尚未超过本法规定的保护期的，依照本法予以保护。 本法施行前发生的侵权或者违约行为，依照侵权或者违约行为发生时的有关规定和政策处理。

续表

修改前	修改后
第六十一条　本法自 1991 年 6 月 1 日起施行。	**第六十四条**　本法自　年　月　日起施行。